Eine kurze Geschichte des Sonntags

JUSTO L. GONZÁLEZ

Eine kurze Geschichte des Sonntags

Vom Urchristentum bis heute

Aus dem amerikanischen Englisch übersetzt
von Elisabeth Liebl

claudius

Titel der amerikanischen Originalausgabe:
Justo L. González, A Brief History of Sunday. From the New Testament to the New Creation

Wm.B.Eerdmans Publishing Co., 2140 Oak Industrial Drive NE, Grand Rapiuds, Michigan 49505, www.eerdmans.com

www.claudius.de

Die Bibelzitate wurden aus der Einheitsübersetzung, Katholische Bibelanstalt Stuttgart 1980, entnommen.
Umschlaggestaltung: Weiss Werkstatt, München
Umschlagbild: Friedrich Herlin: Stifterbildnis Jakob Fuchshart mit seiner Familie, 1462, © akg-images
Autorenfoto: © privat
Layout: Mario Moths, Marl
Gesetzt aus der Linotype Centennial
Druck: GGP Media GmH, Pößneck

ISBN 978-3-532-62804-1

INHALT

VORWORT

Als ich meinen Freunden erzählte, dass ich mich mit dem Gedanken trüge, eine Geschichte des Sonntags zu schreiben, fielen ihre Reaktionen im Grunde aus wie erwartet. Diejenigen unter ihnen, die sich den Siebenten-Tags-Adventisten zurechnen, schickten mir Bücher über den Sabbat und wiesen mich auf zahlreiche andere Materialien zum Thema hin. Meine methodistischen und presbyterianischen Freunde hingegen meinten, es sei nun wirklich an der Zeit, dass jemand seine Stimme gegen die zunehmende Säkularisierung des Sonntags durch Fußballspiele, Strandpartys und dergleichen erhebe.

Ich fürchte, dieses Buch wird Erwartungen dieser Art weitgehend enttäuschen. Andererseits hoffe ich natürlich auch, dass es Erwartungen eher allgemeiner Natur übertrifft. Denn erstens handelt es sich bei diesem Buch nicht um eine Geschichte des Sabbats. Es geht mir hier auch nicht darum aufzuzeigen, dass Christen den siebten Tag nicht mehr heiligen. Dies ist eine Geschichte des Sonntags und entsprechend ist es mein Ziel zu zeigen, was Christen über diesen Sonntag dachten und wie sie ihn wahrnahmen. Eine Geschichte des Sonntags also, die den Sabbat nur dort berührt, wo das über den Sabbat Gesagte auch auf den Sonntag zutrifft. Es gibt Belege dafür, dass der siebte Tag für

Christen jahrhundertelang eine enorme Bedeutung hatte. Wo es direkte Zusammenhänge mit dem Sonntag gibt, werde ich diese Belege auch anführen. Doch ihnen im Einzelnen nachzugehen würde den Rahmen dieses Buches sprengen. Und zweitens werden viele christliche Leser vielleicht überrascht sein zu erfahren, dass die frühen Kirchenväter das Vierte Gebot gar nicht auf den Sonntag bezogen. Dass man den Sonntag mit dem „Sabbat" in Verbindung bringt, ist eine relativ neue Entwicklung.

Doch obwohl unsere Beschäftigung mit dem Sonntag für einige Leser mit ein paar Enttäuschungen aufwarten wird, werden wir darin auch unerwartete Geschenke entdecken. Wir werden die Freude und den Jubel kennenlernen, mit der die frühen Christen den Sonntag begingen, ja ihn feierten. Wir werden herausfinden, wie es kam, dass der ursprüngliche Freudentag erst zum Ruhetag erklärt wurde und später zum Tag, an dem man sich in aller Nüchternheit den Geboten Gottes unterwirft. Dass diese strenge Nüchternheit nun nicht mehr gilt, wird von einigen begrüßt, von anderen bedauert. Noch spannender allerdings ist die Entdeckung, dass wir für das 21. Jahrhundert mit seiner Gleichgültigkeit, ja Feindseligkeit gegenüber christlichen Geboten gerade in den Visionen der frühen Kirche vom Sonntag Inspiration für die Gegenwart finden können, obwohl oder gerade weil die Gläubigen damals ebenfalls in einem eher feindlichen Umfeld lebten.

Aber genug der Präliminarien. Nun wollen wir diese Geschenke auch auspacken.

1
Der Hintergrund: Vorchristliche Kalendarien

Wie man die Zeit misst

Den Zyklen der Zeit auf die Spur zu kommen ist ein grundlegendes Erfordernis für den Menschen. Bauern müssen wissen, wann sie ihre Felder bestellen und säen müssen, wann sie mit Regen rechnen können und wie lange die Ernte reichen muss, bis die nächste herangereift ist. Schäfer müssen wissen, wann sie ihre Tiere scheren können. Seeleute müssen ihre Fahrten nach Wind und Wetter richten, die zu einer gewissen Jahreszeit zu erwarten sind. Jäger müssen wissen, wann der Mond voll ist. Wer vom Fischen lebt, muss die Mondzyklen ebenso kennen wie den Rhythmus von Ebbe und Flut. Und natürlich müssen auch religiöse Zeremonien zur rechten Zeit abgehalten werden, welche wiederum von den Zyklen der Ernte und des Wetters bestimmt wird.

Was uns sofort entgegentritt, wenn wir uns mit diesen Fragen beschäftigen, ist die überragende Bedeutung der zyklischen Dimension der Zeit. Natürlich hat die Zeit auch eine lineare Dimension, denn was vergangen ist, wird niemals wiederkehren, und absolut betrachtet ist jede Zukunft noch nie dagewesen. Doch für den Alltag der Menschen ist nicht von Belang, was vor tausend Jahren geschehen ist oder was sich in hundert Jahren zutragen wird. Für sie zählt, wie das Morgen aussieht, die nächste Woche oder der nächste Monat – ob die Sonne scheint, ob es kalt ist, ob es regnet oder nicht.

Dieses Wissen, das über Generationen hinweg gesammelt wird, ist seiner Natur nach zyklisch. Seine Basis bildet der tagtägliche Zyklus von Morgendämmerung, Mittag, Abenddämmerung und Nacht, die von einem neuen Morgen beendet wird. Dazu kommt der Zyklus der Jahreszeiten, der in der Regel vom Lauf der Sonne beherrscht wird, sowie vom Sonnenstand unabhängige „Jahreszeiten“ wie der Monsun oder die Zeit, in der der Nil über seine Ufer tritt.

Die Wochentage

Aber Tages- und Jahreszyklus allein reichen nicht aus, um das soziale und wirtschaftliche Leben zu strukturieren. Der eine ist zu kurz, der andere schlicht zu lang. Daher haben sich Zyklen mittlerer Länge etabliert, die wir heute als Wochen und Monate kennen. Von der Drei-Tage-Woche der Basken über die Zehn-Tage-Woche der alten Chinesen und Ägypter bis hin zu Dreizehn-Tage-Woche der Azteken erschuf sich jede Kultur einen eigenen Wochenzyklus, um ihr wirtschaftliches, soziales und religiöses Leben zu organisieren. Der „Kult der Vernunft“ während der Französischen Revolution führte einen scheinbar rationaleren Kalender mit einer Zehn-Tage-Woche ein. Doch nur zu bald zeigte sich, dass die Sieben-Tage-Woche viel zu fest im Volksgedächtnis verankert war. Außerdem weigerten sich auch die Himmelskörper, ihren Lauf jenem Rhythmus zu unterwerfen, den die Franzosen damals für vernünftig hielten.

Die Sieben-Tage-Woche hat – nach allem, was wir heute wissen – ihren Ursprung bei den alten semitischen und mesopotamischen Völkerschaften. Im jüdischen Leben jedenfalls spielte sie eine zentrale Rolle – doch darauf werden wir später noch zurückkommen. Denn auch andere Kulturen in Mesopotamien und westlich davon kannten die Sieben-Tage-Woche. Viele Forscher sehen eine Verbindung zwischen dem Mondzyklus und der Sieben-Tage-Woche, welche in etwa einer der vier Mondphasen entspricht.

Jedenfalls wissen wir, dass im 6. Jahrhundert v. Chr. der Babylonische Kalender entstand, der nach einem Mondzyklus in 28 Tagen organisiert ist. Er beginnt mit Neumond und wird durch vier besondere Tage in vier „Wochen“ unterteilt: den siebten, 14., 21. und 28. Tag. Diese Tage galten als schlecht fürs Geschäft und gleichzeitig als sakral, und zwar in einem Maße, dass man ihnen mitunter sogar unheilbringende oder böse Kräfte zuschrieb. Aber auch hier weigerte sich der Mond dem menschlichen Kalender zu entsprechen, denn ein vollständiger Mondumlauf dauert nicht exakt 28 Tage, sondern ein klein bisschen länger. Das führte dazu, dass man die letzte Woche eines Monatszyklus auf acht, manchmal sogar auf neun Tage verlängern musste. Die sieben Tage einer Woche wurden nach den sieben damals bekannten Himmelskörpern unseres Sonnensystems benannt: Nach Sonne, Mond und den fünf Planeten, die mit bloßem Auge sichtbar sind.

Die Kalendarien der alten Griechen stellen sich für uns heute recht verwirrend dar, da jeder Stadtstaat einen eigenen Kalender besaß und sich häufig nicht mit diesem einen begnügte. In Athen beispielsweise verwendete man drei verschiedene Kalender, von denen jeder einen bestimmten Aspekt des Lebens regelte: einen Kalender für Festlichkeiten, einen für die Politik und einen für die Landwirtschaft. Diese allgemeine Verwirrung dauerte an bis in die hellenistische Zeit. Die Feldzüge Alexanders des Großen brachten Griechenland in engen Kontakt mit Mesopotamien und Syrien. Auf diesem Weg gelangten die rational gestalteten Kalender der Babylonier nach Griechenland und in den Westen. Im Gefolge dieser Übernahme wurden die alten babylonischen Tagesnamen ins Griechische übersetzt. Man hatte jetzt also je einen Tag für Sonne, Mond, Ares, Hermes, Zeus, Aphrodite und Chronos – entsprechend den Namen der griechischen Götter und der ihnen zugehörigen sieben Planeten.

Im alten Rom hingegen war das Leben durch eine Acht-Tage-Woche strukturiert. Der achte Tag war Markttag. An diesem Tag brachten die Bauern der Umgebung ihre Erzeugnisse in die Stadt. So zumindest war es im 3. Jahrhundert v. Chr. gesetzlich geregelt. Bestimmte Aktivitäten, die das Markttreiben hätten stören können, wurden an diesem Tag verboten. Das galt vor allem für die Abhaltung von Wahlen. Im Jahre 45 v. Chr. reformierte Julius Cäsar den römischen Kalender und versuchte, ihn besser an das Sonnenjahr anzupassen. Die Sieben-Tage-Woche aber, die in den östlichen Provinzen des Reiches gang und gäbe war, führte er nicht ein. Doch der Einfluss der hellenistischen Kultur auf die römische Zivilisation war groß, sodass schon zur Zeit des Augustus der Sieben-Tage-Rhythmus sich immer weiter verbreitete. Das mochte zum einen daran liegen, dass er besser zum Mondzyklus passte, zum anderen nahm

Rom unter Augustus viele Dinge an, die aus dem Osten kamen. Die sieben Wochentage wurden ins Lateinische übersetzt, fortan waren die Tage Sonne, Mond, Mars, Merkur, Jupiter, Venus und Saturn unterstellt. Trotzdem wurde weiterhin auch nach der Acht-Tage-Woche gerechnet, was zu mancherlei Problemen führte. Anfang des 3. Jahrhunderts jedenfalls war die Sieben-Tage-Woche dann die Norm, auch wenn die Acht-Tage-Woche in gewissen Bereichen immer noch eine Rolle spielte. Als Konstantin im Jahr 321 offiziell von der Acht- zur Sieben-Tage-Woche überging, war die um einen Tag längere Wochenzählung schon nicht mehr in Gebrauch.

Der jüdische Kalender und der Sabbat

Über den Ursprung des hebräischen Kalenders und seine Verwandtschaft mit anderen Kalendarien, besonders dem mesopotamischen, streiten die Forscher noch heute leidenschaftlich. Aber es kann kein Zweifel bestehen, dass der jüdische Kalender wie andere in Mesopotamien gebräuchliche Kalendarien auf der Zahl Sieben und ihrem Vielfachen gründete. Seine grundlegende Einheit war die Woche, die am siebten Tag oder Sabbat endete. Nach sieben Wochen – einer „Woche“ aus Wochen also – gab es einen besonderen 50. Tag, der Festlichkeiten vorbehalten war. Historiker sprechen hier vom „Pentecontad-Kalender“. Der Begriff leitet sich vom griechischen Wort für „fünfzig“, *pentēkonta*, ab. Das Jahr umfasste sieben solcher Fünfziger-Einheiten, was insgesamt 350 Tage ergab. Auf 365 Tage kam das Jahr, weil man nach den ersten vier Pentekontaden eine

Woche für Festlichkeiten einschob, eine weitere nach der siebten Pentekontade sowie einen Extratag vor dieser letzten Woche (200 + 7 + 150 + 7 + 1= 365). Der Tag nach der siebten Pentekontade war ein ganz besonderer Tag. An diesem Tag wurde das erste Getreide geschnitten und Gott zum Opfer gebracht. Die ihm folgende Woche ging der ersten Pentekontade des nächsten Zyklus voraus und war ein Erntedankfest, das sich später zum Laubhüttenfest entwickeln sollte. In der ersten Woche, die nach der vierten Pentekontade eingeschoben wurde, beging man feierlich den Jahrestag der Befreiung der Kinder Israels aus der ägyptischen Gefangenschaft – das Pessachfest. Während dieses Festes wurden die Reste der vorjährigen Ernte verzehrt oder vernichtet, damit während der ersten Pentekontade die neue Ernte eingebracht werden konnte.

Das Prinzip der Sieben, um das sich der Kalender gruppiert, war auch über das Jahr hinaus von Bedeutung. Alle sieben Jahre – nach einer „Woche" aus Jahren also – wurde ein Sabbatjahr gefeiert. Nach sieben Sabbatjahren – einer „Woche" aus Sabbatjahren – war eine Pentekontade von Jahren voll und es folgte ein Jubeljahr.

Doch nicht nur bei den Hebräern hatte die Zahl Sieben eine besondere Bedeutung. Tatsächlich galt sie damals in der gesamten Region zwischen Kanaan und Mesopotamien als böse – ein Glaube, der sich in der Region mancherorts bis ins 21. Jahrhundert erhalten hat. Das geht soweit, dass manche Menschen diese Zahl nicht aussprechen, um nicht vom Unglück heimgesucht zu werden. Da der siebte Tag somit ebenfalls als „böse" galt, war es selbstverständlich, dass man an diesem Tag alles unterließ, was zu Schaden oder Unfällen hätte führen können, vor allem alle Arten von

Arbeit. Unter den alten Völkern des Zweistromlandes war der siebte Tag ein Ruhetag, aber eben nicht aus religiösen Gründen, sondern weil der Tag selbst als unheilbringend galt. Das Volk Israel übernahm nun das Kalendersystem der umgebenden Völkerschaften, modifizierte es aber seinen Glaubensvorstellungen entsprechend. So wandelte sich der Unglückstag zu einem Tag der Freude, an dem gefeiert wurde. Dieser Umwandlungsprozess allerdings zog sich über lange Zeit hin, anfangs bezog sich die Sabbatruhe nur auf die landwirtschaftliche Arbeit. Erst später wurde sie auf alle anderen Tätigkeiten ausgedehnt. Heute dient der siebte Tag der Erholung, damals aber war er – zumindest unter den Juden – ein Freudentag. Und das Ruhegebot erstreckte sich nicht nur auf die Gläubigen, sondern auch auf alle, die von ihnen abhängig waren – Sklaven ebenso wie Tagelöhner, Tiere und Felder.

So erhielt der Sabbat in der jüdischen Tradition eine enorme Bedeutung, die sich darin zeigte, dass man die Wochentage nach ihm zählte: der erste Tag nach dem Sabbat, der zweite Tag nach dem Sabbat und so weiter. Mitunter verstand man unter „Sabbat" sogar die Zeit von einem Sabbat zum nächsten. Sehr schön ablesen lässt sich dies an Lukas 18,12. Wo es in der Einheitsübersetzung der Bibel heißt: „Ich faste zweimal in der Woche", steht im Originaltext: „Ich faste zweimal pro Sabbat."

Während der Sabbat immer religiöse Bedeutung hatte, da er ja auf Gottes Gebot fußte, war er doch nicht unbedingt ein Tag der Anbetung – denn diese hatte im Tempel stattzufinden, zu dem jene, die nicht in der Nähe von Jerusalem wohnten, häufig keinen Zugang hatten. Der Fall Jerusalems, das babylonische Exil, die Diaspora der Juden im Römischen und Persischen Reich machten schließlich die Anbetung im Tempel für immer mehr Gläubige unmöglich. Damit entstand die Notwendigkeit, den Menschen eine Gelegenheit zur Anbetung vor Ort zu geben. Der Ruhetag, welcher der Erinnerung an den Bund mit Gott gewidmet war, bot sich für diese Art der Zusammenkunft an. Und so entstanden die Synagogen, wo die Juden sich am Sabbat trafen, um die Schriften zu lesen und zu studieren und ihren Gott anzubeten. Opfer allerdings wurden dort nicht dargebracht, denn die Synagoge war kein Tempel. Auch nach der Rückkehr aus dem Exil, als der Tempel wieder errichtet war, blieb die Synagoge als parallele Instanz weiterbestehen – und zwar nicht nur in der Ferne, sondern auch in Judäa selbst, wie man den Evangelien und der Apostelgeschichte entnehmen kann. Die großen Festtage wurden im Tempel selbst gefeiert, und nur dort wurden rituelle Opfer gebracht. Der Sabbat aber mit seiner Zusammenkunft in der Synagoge stand allen Juden offen, fern und nah, was für den Tempel nicht galt. Als Jesus das Licht der Welt erblickte, war der Sabbat also nicht nur ein Ruhetag, sondern auch zum wichtigsten Tag der Anbetung geworden. Dies ging so weit, dass sich das Judentum, auch nach der Zerstörung des Tempels im Jahr 70 n. Chr., weiter ausbreiten konnte, dank der Synagogen und der darin stattfindenden Heiligung des Sabbats.

Aufgrund der historischen Umstände seiner Entstehung ist es weiter nicht verwunderlich, dass es in der Geschichte Israels immer einen gewissen Widerspruch gab zwischen dem Sabbat als Tag der Freude und dem Sabbat als dem Tag, an dem die Gebote streng befolgt werden sollen – so streng mitunter, dass der Sabbat eher als Belastung denn als Erleichterung empfunden wurde. Wie in jeder religiösen

Tradition bildeten sich auch im Judentum Tendenzen heraus, die eine extrem wörtliche Auslegung der Gebote und die damit verbundenen strengen Regeln befürworteten. Die Mischna (Schabbat 7.2) nennt 39 am Sabbat verbotene Aktivitäten, darunter das Pflügen, Ernten und Säen, ja selbst das Knotenknüpfen war an diesem Tag nicht erlaubt. Aber damit nicht genug, denn nun stellt sich natürlich die Frage, was ein Knoten ist und was nicht. Man gelangte zu der Auffassung, dass alles, was sich mit einer Hand knüpfen ließ, kein Knoten sein konnte. Doch es gab auch seit jeher eine Gegenströmung, die auf die befreiende und tröstliche Natur des Sabbats verweist. Diese ging davon aus, dass der Sabbat ursprünglich ein Tag der Freude und Ruhe war, die Verbote also das Leben erleichtern sollten. Vor diesem Hintergrund fanden Jesus' Auseinandersetzungen mit den Priestern der Synagoge statt, deren Regelungen dem Sabbat seinen freudvollen Charakter nahmen sowie seinen ursprünglichen Zweck, selbst Freude zu haben und anderen Freude zu bereiten: den Dienern, Gästen, Tieren, Feldern sowie all jenen, die hungrig, krank oder leidend waren.

Teil 1
VOR KONSTANTIN

Häufig liest man, dass es Kaiser Konstantin war, der den Sonntag zu einem Tag der Anbetung gemacht habe. Da Konstantin und seine Nachfolger die Gestaltung des Sonntags zweifelsohne maßgeblich beeinflusst haben, empfiehlt es sich in einem geschichtlichen Abriss, wie ihn das vorliegende Buch liefern möchte, sich zunächst mit dem Christentum vor Konstantin zu beschäftigen. Zu jener Zeit war die christliche Kirche noch nicht offiziell anerkannt, daher musste sie ihre Gottesdienste so legen, dass ihre Anhänger die Teilnahme mit ihren anderen Verpflichtungen vereinbaren konnten. Es handelte sich auch um die Zeit, in der das anfänglich rein jüdische Christentum immer mehr von Nicht-Juden getragen wurde. Die Kirche musste – wie aus dem Neuen Testament deutlich hervorgeht – also entscheiden, welche jüdischen Gebräuche beibehalten werden sollten und welche nicht.

Vor diesem Hintergrund stellt sich vor allem die Frage, wie es das Frühchristentum mit dem Samstag beziehungsweise dem Sonntag hielt. Diese Tage waren damals ja nichts anderes als der Sabbat beziehungsweise der erste Tag nach dem Sabbat und damit der erste Tag der Woche. Da dies jedoch eine Geschichte des Sonntags ist, also des ersten Tages der Woche, wollen wir natürlich auch wissen, welche Rituale das frühe Christentum mit dem Sonntag verknüpfte und welche Symbolik es damit verband.

Daher wird uns im ersten Teil des Buches vorrangig die Klärung folgender Fragen beschäftigen: Wann haben die Christen angefangen, sich am ersten Tag der Woche zum Gottesdienst zu versammeln? Was haben sie dabei konkret getan? Und welche Bedeutung maßen sie diesem Tag bei?

2
Die Namen der Wochentage

Der erste Tag der Woche

Die ersten Schüler Jesu und über mehrere Generationen überhaupt alle Christen waren Juden.[1] Daher benannten sie die Wochentage nach dem Sabbat: „der erste Tag nach Sabbat" und so weiter. Als das Neue Testament verfasst wurde, schrieben auch seine Autoren nicht vom „Sonntag", sondern vom „ersten Tag nach Sabbat". In der Einheitsübersetzung der Bibel wird dies meist wiedergegeben als „der erste Tag der Woche". So heißt es zum Beispiel in Matthäus 28,1: „Nach dem Sabbat kamen in der Morgendämmerung des ersten Tages der Woche Maria aus Magdala und die andere Maria, um nach dem Grab zu sehen." Auf Griechisch heißt es hier: *mian sabbatōn*. In Markus 16,2, Lukas 24,1 und Johannes 20,1 lautet die griechische Begrifflichkeit nur geringfügig anders. Dort heißt es jeweils: *mia tōn sabbatōn*. In Johannes 20,19 ist von *mia sabbatōn* die Rede, in Markus 16,9 von *prōtē sabatou*. All diese Angaben beziehen sich auf die Auferstehung Jesu und sein erstes Erscheinen vor den Jüngern.

An zwei anderen Stellen des Neuen Testaments begegnet uns diese Begrifflichkeit erneut im Zusammenhang mit dem christlichen Leben. Einmal in der Apostelgeschichte, wo es in 20,7 heißt: „Als wir am ersten Wochentag versammelt waren, um das Brot zu brechen ...“ Im Griechischen werden hier die Worte *mia tōn sabbatōn* verwendet. Zum Zweiten im Korintherbrief, wo Paulus in 16,2 die Christen anhält: „Jeder soll immer am ersten Tag der Woche etwas zurücklegen und so zusammensparen, was er kann“ – *mian sabbatou.*

Als die christliche Kirche sich allmählich vom Judentum löste, wurde diese Begrifflichkeit zwar immer weniger verwendet, hielt sich aber noch eine ganze Weile. So erklärt Justinus der Märtyrer in seinem Dialog mit dem Juden Trypho noch im 2. Jahrhundert, dass Jesus „uns von Irrtum und Sünde beschnitten hat, indem er am ersten Tag der Woche [*mia tōn sabbatōn hēmera*] auferstand“[2]. Wie wir gleich sehen werden, wurde diese Terminologie von den Latein und Griechisch sprechenden Christen bald aufgegeben, im Syrisch sprechenden Teil der Kirche hat sie sich jedoch erhalten.

Der Tag des Herrn

In der uns überlieferten christlichen Literatur taucht der „Tag des Herrn“ zum ersten Mal in der Offenbarung des Johannes (1,10) auf: „Am Tag des Herrn [*en tē kyriakē hēmera*] wurde ich vom Geist ergriffen und hörte hinter mir eine Stimme, laut wie eine Posaune.“ Tatsächlich aber gibt es diesen Begriff schon länger. In hebräischen Schriften ist der „Tag des Herrn“ der Tag, an dem der Herr die Ungerechten aburteilen und die Gerechten belohnen wird. Dem „Tag des Herrn“ ist also zunächst eine deutlich endzeitliche Überhöhung eigen. Interessanterweise jedoch verwendet der Erzähler der Offenbarung, der unter den Verfassern der neutestamentarischen Schriften sicher als der am stärksten in die jüdische Kultur Eingebundene gelten kann, den Begriff „Tag des Herrn", um sich auf einen Tag in seinem eigenen Leben zu beziehen. Ein Großteil der Bibelforscher geht davon aus, dass damit der Tag gemeint ist, an dem die Gemeinde zusammenkommt, um die Auferstehung Jesu zu feiern.

Zu dieser Zeit wurde das Epitheton „des Herrn", griechisch *kyriakos*, eigentlich nur auf den römischen Kaiser angewendet, zumindest in den Griechisch sprechenden Teilen des Römischen Reiches. (Paulus hingegen bezieht es schon im ersten Korintherbrief auf das Abendmahl, siehe 11,20, wo die Einheitsübersetzung vom „Herrenmahl" spricht.) Das sagt uns zweierlei: Erstens, dass Jesus tatsächlich als „Herr" galt – was eine politische Bedeutung hatte. Kaiser Domitian, der zu dieser Zeit regierte, reklamierte nämlich den Begriff *kyrios*, „der Herr", mit bislang ungekannter Vehemenz ausschließlich für sich selbst. Zweitens wird deutlich, dass die Ereignisse, die man an diesem Tag feierte, eschatologisch bedeutsam waren. Doch damit werden wir uns noch eingehender beschäftigen, wenn wir uns den Sonntag als „achten Tag" genauer ansehen.

In der Offenbarung des Johannes heißt es nicht, dass „der Tag des Herrn", an dem der Autor seine Vision hatte, der erste Tag der Woche war – wobei es keinen Grund gibt, daran zu zweifeln. Die *Didache*, auch als „Die Lehre des Herrn durch die zwölf Apostel für die Heiden" bekannt, ist eine frühchristliche Schrift unbekannten Ursprungs, die man etwa auf das Jahr 70 n. Chr. datiert, womit sie älter wäre als selbst die Offenbarung des Johannes. Es handelt sich dabei um die die erste Kirchenordnung überhaupt, die uns bekannt ist. Hier liefert uns nun eine grammatisch etwas merkwürdige Formulierung einen Hinweis darauf, dass zumindest in einigen Kreisen der „Tag des Herrn“ Synonym für einen bestimmen Wochentag war. Die Anweisung lautet: „Versammelt euch an jedem Tag des Herrn, brecht Brot und sagt Dank“ (*Didache* 14,1). Auf Griechisch steht da konkret: „der Herrentag des Herrn“ oder *kyriakēn de kyriou*. Diese Doppelung lässt sich eigentlich nur erklären, wenn der „Herrentag“ oder „Tag des Herrn“ – *kyriaka* – auf einen bestimmten Wochentag verweist, während die deklinierte Form von *kyrios* sich auf den Herrn selbst bezieht. Zu Beginn des 2. Jahrhunderts mahnte Ignatius von Antiochia in einer inhaltlich noch nicht ganz geklärten Passage seines Briefes an die Magnesier das Volk vor den „Judaisierern“. Er behauptete, dass die alten Propheten nicht den Sabbat heiligten – wörtlich „nicht sabbatisierten“ –, sondern stattdessen den Tag des Herrn, *kyriaka* (Brief an die Magnesier, 9,1).[3]

Eine eindeutige Identifikation des „Tags des Herrn“ (*kyriaka*) mit dem ersten Tag der Woche findet sich in einem überlieferten Bruchstück des Evangeliums nach Petrus, einer apokryphen Schrift, die wohl aus der Mitte des 2. Jahrhunderts stammt. Dort heißt es: „In der Nacht vor dem Tag des Herrn [*hē kyriakē*], während die Soldaten zu zweit [das Grab] bewachten, erklang eine laute Stimme vom Himmel herab.“ Und aus dieser Zeit sind noch weitere solcher Verweise überliefert: Zwei oder drei Jahrzehnte nach Entstehung des Petrusevangeliums verfasste Bischof Melito von Sardes einen ganzen Traktat, der sich nur mit dem Tag des Herrn beschäftigt und den griechischen Titel trägt: *Peri kyriakēs logos* – Über den Tag des Herrn. Leider kennen wir nur den Titel, der Traktat selbst ist verloren gegangen.

Ab etwa dieser Zeit jedoch verwendete man in der griechischsprachigen Kirche den Begriff *kyriaka* – Tag des Herrn – für den ersten Tag der Woche.

Die Lateinisch sprechende Kirche übernahm diese Begrifflichkeit und sprach vom *dies dominica*, was sich später zu *dominica* beziehungsweise *dominicus* entwickeln sollte. Erstmals tauchen diese Namen für den entsprechenden Wochentag in Tertullians Traktat *De idolatria* (Über den Götzendienst) auf. Darin wettert Tertullian gegen die Juden einerseits und die Heiden andererseits und lehnt daher sowohl den Sabbat als auch die Feste der Heiden in Gänze ab. Juden und Heiden würden ihrerseits die christlichen Festtage nicht „mitmachen", „weder den Tag des Herrn, noch Pfingsten" (*non Dominicum diem, non Pentecosten; De idolatria*, 14).[4] In seiner Schrift *Vom Fasten* schreibt Tertullian, dass die *dominicis* vom Fasten ausgenommen seien (*De ieiunio*, 15).[5] Allerdings dürfen wir hier nicht übersehen, dass Tertullians Begriff *dominicum* auch als Verweis auf das Abendmahl oder die Eucharistie gelesen werden kann. Cyprian von Karthago jedenfalls, der stark von Tertullian beeinflusst war, verwendete den Begriff in diesem Sinne.

Wie auch immer: Die Lateinisch sprechenden Christen übernahmen bald die griechische Gewohnheit, den ersten Tag der Woche als „Tag des Herrn" zu bezeichnen – als *dominica dies* oder *dominicus* beziehungsweise als *dominica*.

Der Tag der Sonne

Wie wir bereits gesehen haben, hatten die Griechen, als das Christentum aufkam, eine Sieben-Tage-Woche, deren einzelne Tage nach Himmelskörpern benannt waren. Die Römer hatten diese Gewohnheit übernommen. Der erste und bedeutsamste Tag der Woche war zu jener Zeit der Tag des Saturn (oder Chronos), gefolgt von den Tagen, die Sonne, Mond, Mars, Merkur, Jupiter und Venus zugeordnet waren. Mit der Zeit allerdings trat Saturn hinter die Sonne zurück, zum einen, weil das strahlende Mittagsgestirn als Herrscher des Himmels wohl überzeugender war, zum anderen, weil wichtige politische Führer die göttliche Unbesiegte Sonne, Sol Invictus, anbeteten. Kaiser Septimius Severus, der um die Wende des 2. zum 3. Jahrhundert lebte, zollte dem Sonnengott besondere Verehrung. Bald darauf machte Kaiser Aurelian die Verehrung der Sonne zum zentralen Bestandteil des religiösen Kultes in Rom. Ende des 3. Jahrhunderts betrieb auch Constantius Chlorus, der Vater von Konstantin dem Großen, die Verehrung des Sol Invictus mit monotheistischem Anspruch. Konstantin selbst hingegen war wohl hin- und hergerissen. Zumindest in seinen jungen Jahren pflegte er wie sein Vater eine monotheistische Verehrung des Sonnengottes, welcher jedoch mehr und mehr christliche Züge annahm – die später die Oberhand gewannen. Doch ganz hat Konstantin sich vom Sol Invictus nie abgewendet, zumindest nicht bis zu seiner Taufe, die allerdings erst auf dem Totenbett erfolgte. Diese Entwicklungen beeinflussten auch die Hierarchie der einzelnen Tage. Bald war nicht mehr der Tag des Saturn der erste und folglich wichtigste Tag der Woche, sondern der der Sonne – eine Entwicklung, die sich bereits im 2. Jahrhundert abzuzeichnen begann.

Obwohl die Christen sich weigerten, die Sonne anzubeten, waren sie offensichtlich durchaus bereit, ihren Tag des Gottesdienstes als „Tag der Sonne" zu bezeichnen. Das lag wohl daran, dass zu jener Zeit die griechisch-römische Welt den Tag des Saturn (Samstag) als ersten Tag der Woche sah. Menschen, die nicht jüdischer Herkunft oder anderweitig mit dem jüdischen Glauben verbunden waren, betrachteten als ersten Tag der Woche also immer den Samstag, der Christen und Juden als siebenter Tag der Woche galt. So benutzt Justinus der Märtyrer in seiner *Ersten Apologie*, die sich an Heiden wendet, den Begriff „Tag der Sonne", obwohl er sich gleichzeitig davon distanziert. Er berichtet seinen Lesern, dass Christen „an dem Tag, den man gewöhnlich Tag der Sonne nennt" zusammenkommen.[6] Jesus hingegen sei gekreuzigt worden „am Tag vor dem Saturn-Tag" und sei seinen Jüngern „am Tag nach dem Saturn-Tag, der der Sonnentag ist" wieder erschienen. (Im Übrigen wird auch hier wieder deutlich, wie wichtig der Tag des Saturn war, denn Justinus nennt den Freitag nicht etwa „Tag der Venus", sondern den „Tag vor dem Saturn-Tag".)

Dass diese Ausdrucksweise ein Tribut an seine heidnische Leserschaft ist, wird spätestens in seinem Dialog mit dem Juden Trypho klar, in welchem Justinus eine traditionell jüdische Begrifflichkeit verwendet. Er spricht darin nicht von dem „Tag, den man gewöhnlich den Tag der Sonne nennt", sondern vom „ersten Tag der Woche".[7]

Justinus schrieb auf Griechisch, doch seine Strategie zeigte sich später auch bei dem lateinischen Autor Tertullian. In seinem *Apologetikum* führt er verbreitete Fehler im

Verständnis des Christentums auf, die er der Reihe nach widerlegt beziehungsweise zurückweist. Dabei scheint ihn besonders der Irrglaube zu empören, die Christen würden die Sonne anbeten. Er erklärt, wie es zu dieser Vorstellung kam: „Um es kurz zu sagen, der Verdacht rührt daher, dass wir nach Osten gewendet beten. [...] Ebenso kommen wir, wenn wir den Sonntag [*dies solis*] der Freude widmen, und zwar aus einem ganz anderen Grunde als der Verehrung der Sonne, ja gleich nach denen, welche den Samstag dem Müßiggange und den Mahlzeiten widmen ...“[8] Interessanterweise aber verwendet er den Begriff „Sonntag“ nur, wenn er sich an seine vermutlich heidnischen Leser wendet, in seinen anderen Schriften spricht er vom „Tag des Herrn“.

Unter dem Einfluss Konstantins des Großen und seiner Familie wurde es für Christen üblich, den ersten Tag der Woche als „Sonntag“ zu bezeichnen. Doch diese Entwicklung werden wir in einem anderen Kapitel nachzeichnen.

Die Namen der anderen Wochentage

Wie wir bereits gesehen haben, geht die Benennung der übrigen Wochentage nach den mit bloßem Auge sichtbaren Planeten des Altertums auf die Babylonier zurück und gelangte dann über Griechenland ins alte Rom. Während das Römische Reich sich zunehmend christianisierte, versuchten die Kirchenvorsteher in den verschiedenen Gebieten häufig, die Wochentagsnamen von ihrer heidnischen Konnotation zu befreien. Im Osten Griechenlands gelang ihnen dies auch mit dem Ergebnis, dass die Wochentage im modernen Griechisch einfach nach ihrer numerischen Abfolge nach dem Tag des Herrn genannt werden: *deutera* ist der zweite Tag, *tritē* der dritte, *tetratē* der vierte, und so weiter. Der siebte Tag allerdings behielt seinen ursprünglich jüdischen Namen bei und wird auch heute noch *sabbato*, „Sabbat-Tag“, genannt.

Im lateinischen und germanischen Westen jedoch waren diese Bemühungen weniger von Erfolg gekrönt. Die einzige bekannte Ausnahme bildet hier das Portugiesische. Martin von Dumio (auch Martin von Braga genannt, etwa 515 – 580) wendete sich gegen die Benennung der Wochentage mit heidnischen Namen unter dem Hinweis, dass diese Tage auch im jüdischen Kalender einfach durch ihren zahlenmäßigen Abstand zum Tag des Herrn bezeichnet würden. In einem Brief an einen Bischof namens Polemius schrieb er unter dem Stichwort *Über die Erziehung der Ungebildeten*: „Es ist eine Narretei, dass jemand, der zum Christen getauft wurde, sich nicht auf den Tag des Herrn [*dominicum*] bezieht, sondern die Tage nach wie vor nach Jupiter, Merkur, Venus und Saturn benennt, die keinen einzigen Tag für sich reklamieren können, denn sie waren Ehebrecher und Hexer und selbst auf ihrem ureigensten Gebiet noch böse. Wie gesagt: Durch die Verwendung solcher Namen verehrt man Dämonen, und das tun nur Narren.“[9]

Da Martin von Braga einer der einflussreichsten Missionare auf der iberischen Halbinsel war, kann es nicht verwundern, dass im modernen Portugiesisch der erste Tag der Woche nach dem Herrn – *domingo* – benannt ist, der sechste nach dem Sabbat – *sábado* –, und die anderen fünf nun numerische Namen tragen: *segunda-feira*, *terça-feira*, *quarta-feira*, *quinta-feira*, *sexta-feira*. (Martin setzte sich auch dafür ein, dass die Namen der Planeten geändert würden, doch damit hatte er weniger Glück.)

Was die anderen romanischen Sprachen angeht, so hatte die Kirche nur Erfolg, was den ersten und den letzten Tag der Woche angeht – obwohl es in Italien zum Beispiel eine Inschrift gibt, in der der Freitag als *sexta feria*, als sechster Tag, bezeichnet wird. Die modernen romanischen Sprachen hingegen leiten die Wochentagsnamen von ihren lateinischen Vorbildern ab: *dominica* wurde also zu *domingo*, *dimanche*, *domenica* et cetera. Der Name für den letzten Tag der Woche nimmt wiederum den jüdischen Sabbat auf: im Spanischen *sábado*, im Französischen *samedi*[10], und im Italienischen *sabato*. (So wie auch im modernen Griechisch der erste Tag der Woche *kyriakē* heißt, „Tag des Herrn", und der letzte *sabbato*.)

Die germanischen Völker, die jenseits der Grenzen des Römischen Reiches lebten, östlich des Rheins und nördlich der Donau, übernahmen die Sieben-Tage-Woche von ihren römischen Nachbarn. Wann dies geschah, lässt sich heute kaum noch feststellen. Doch die Wochentagsnamen deuten darauf hin, dass dies vor der Christianisierung des Römischen Reiches geschah. Während nämlich in den romanischen Sprachen der Name für den ersten Wochentag sich vom „Tag des Herrn" ableitet, wird in den germanischen Sprachen immer auf die Sonne Bezug genommen. So heißt es im Englischen *sunday*, im Deutschen *Sonntag*, im Niederländischen *zondag* und im Dänischen beziehungsweise Norwegischen *söndag*. Und der letzte Wochentag nimmt Bezug auf den Saturn: *saturday*, *Samstag*, *zaterdag*. (Eine interessante Ausnahme ist der in Norddeutschland verwendete Begriff *Sonnabend*, der Abend vor dem Sonntag.

Im Dänischen und in anderen skandinavischen Sprachen hingegen heißt der Samstag auch *lørstag*, was so viel heißt wie „Waschtag".)

In den modernen Sprachen des europäischen Nordens haben die Wochentage also weitgehend ihre heidnischen Wurzeln behalten: Das gilt nicht nur für Tag der Sonne, sondern auch für den *Montag* (Mond-Tag) und den *Dienstag* (Tag des Tyr). Der englische *wednesday* zollt Wotan Tribut. Mit dem deutschen *Mittwoch* hingegen, der die Mitte der Woche der bezeichnet, vermied man heidnische Anklänge. Der *Donnerstag* ist Thor gewidmet, der *Freitag* ist der Tag der Freya. Während der englische *saturday* eindeutig dem Saturn gewidmet ist, verweist der deutsche *Samstag* auf den Sabbat. Auch in den romanischen Sprachen nimmt der Begriff für den siebten Tag der Woche Bezug auf den jüdischen Sabbat – *sábado, sabato, samedi* –, während die anderen fünf Tage ihren Bezug auf die heidnischen Gottheiten behalten haben. Spanisch *lunes* verweist auf den Mond, *martes* auf den Mars, *miércoles* auf den Merkur, *jueves* auf Jupiter und *viernes* auf die Venus. Dasselbe gilt für das Italienische. Im Portugiesischen und Griechischen hingegen setzte sich der kirchliche Sprachgebrauch durch. Man nannte den ersten Tag der Woche den „Tag des Herrn" und zählte Tag 2 bis 6 dann durch. Der siebte Tag wiederum trägt den Sabbat im Namen.

Der christliche Widerstand gegen die heidnischen Namen ließ mit der Zeit nach. Die folgende Passage aus dem Hauptwerk von Bischof Isidor von Sevilla entstand im 7. Jahrhundert und zeigt, dass man sich der heidnischen Ursprünge der Wochentage durchaus noch bewusst war. Offensichtlich erhoben auch einzelne Gemeindevorsteher immer wieder Einspruch gegen die Verwendung dieser Bezeichnungen und suchten nach anderen Möglichkeiten, wobei sie vielleicht auf Martin von Braga zurückgriffen. Doch wir können hier auch erkennen, dass Isidor selbst diese Schlacht längst für verloren hielt oder zumindest nicht für würdig, geschlagen zu werden. In seinen *Etymologiae* versuchte Isidor, das Wissen seiner Zeit zusammenzufassen. Dort äußert er sich zu diesem Thema wie folgt:

> *Die einzelnen Tage [dies] sind nach den Göttern [*di *beziehungsweise* diis*] benannt, deren Namen die Römer einigen Sternen verliehen haben. Den ersten Tag haben sie nämlich nach Sol (dem Sonnengott) benannt, welcher der Fürst aller Sterne ist, wie auch derselbe Tag das Haupt aller [Tage] ist. Den zweiten nach Luna (der Mondgöttin) ... Den dritten nach dem Stern des Mars ... Den vierten nach dem Stern Merkurs ... Den fünften nach dem Stern Jupiters ... Den sechsten nach dem Stern der Venus ...; den siebten nach dem Stern Saturns ... Bei den Hebräern aber wird erster Tag (*prima feria*) des Sabbats genannt, was bei uns der Tag des Herrn (*dies dominicus*) ist, den die Heiden Sonntag nennen. Den zweiten des Sabbats nennen sie den zweiten Tag (*secunda feria*) ...*
> *Besser aber macht sich bei den Bezeichnungen der Tage aus einem christlichen Mund die kirchliche Ausdrucksweise. Dennoch, wenn jemanden zufällig die Gewohnheit dazu hinreißt, dass aus seinem Munde das kommt, was er im Herzen nicht gutheißt, so möge er begreifen, dass alle, nach deren Namen diese Tage benannt sind, Menschen waren und ihnen wegen einiger vergänglicher Wohltaten, weil sie mehr vermochten*

und mehr herausragten in diesem Zeitalter, von ihren Verehrern göttliche Ehren zugesprochen worden sind sowohl in Form von Tages- als auch von Sternnamen.[11]

3
Der Tag der Zusammenkunft

Von der Synagoge zur Kirche

Es besteht kein Zweifel, dass die frühen Christen an den jüdischen Riten teilnahmen, solange man ihnen dies erlaubte. So erfahren wir, dass Petrus und Johannes, als sie in Jerusalem waren, um drei Uhr nachmittags in den Tempel gingen, um ihre Gebete zu verrichten (Apg 3,1). Auch der Apostel Paulus begibt sich auf seinen Reisen am Samstag zum Gebet in die Synagoge. Die späteren Christen sahen dies als kluge missionarische Strategie, aber darin erschöpft sich der Zweck ihrer Besuche wohl nicht. Schließlich predigte Paulus ja, dass sich das Versprechen an das Volk Israel mit dem Kommen Jesu erfüllt habe. Seine Botschaft richtete sich also zunächst an das Volk Israel und an alle, die „gottesfürchtig" waren – an Heiden also, die an den Gott Israels und seine Gebote glaubten, aber keine Juden werden konnten. Erst im nächsten Schritt ist damit die Welt im Allgemeinen angesprochen, die zum Erben des ursprünglichen Versprechens geworden ist. Und der angemessenste Ort für diese Botschaft war natürlich die Synagoge. Paulus begab sich also in die Synagoge, nicht, weil er die Menschen von dort weg und in die Kirche locken wollte, sondern um sich gemeinsam mit den Juden dem Gebet zu widmen und sich mit ihnen daran zu freuen, was Gott in Jesus vollbracht hatte.

Doch diese Botschaft wurde nicht überall freudig aufgenommen, insbesondere weil sie den Heiden Tür und Tor zu öffnen schien und auch sie in die Rechte des Gottesvolkes eintreten ließ. Was wir in der Apostelgeschichte über Paulus' und Barnabas' Predigt in Pisidien lesen, war wohl typisch für diese Gemengelage. Dort erhebt sich Paulus in der Synagoge und wendet sich an Juden und Gottesfürchtige zugleich: „Ihr Israeliten und ihr Gottesfürchtigen, hört!" (Apg 13,16). Er spricht sie an als „ihr Söhne aus Abrahams Geschlecht und ihr Gottesfürchtigen" (Apg 13,26). Was er sagt, kommt bei der Menge offensichtlich gut an: „Am folgenden Sabbat versammelte sich fast die ganze Stadt, um das Wort des Herrn zu hören. Als die Juden die Scharen sahen, wurden sie eifersüchtig" (Apg 13,44 f.). Das Resultat ist, dass Paulus sich von den Juden ab- und den Heiden zuwendet. Doch das bedeutet nicht, dass Paulus nicht mehr in die Synagogen geht. Tatsächlich tut er dies in jeder Stadt, in die er kommt. Er predigt dort so lange, bis er vertrieben wird, wie die Apostelgeschichte uns lehrt. Und als man ihn in Rom in den Kerker wirft, ruft er die führenden Männer der Juden Roms zusammen und spricht zu ihnen: „Denn um der Hoffnung Israels willen trage ich diese Fesseln" (Apg 28,20).

Kurz gesagt: Solange dies erlaubt war, betrachteten sich – auch ursprünglich heidnische – Christen als Juden und nahmen am Gebet in der Synagoge teil oder versuchten dies zumindest. Es kann also keinen Zweifel daran geben, dass die frühen Christen sich am Sabbat mit den Juden zur Anbetung versammelten.

Das Brechen des Brotes

Doch die Christen hatten natürlich auch ihre eigenen Versammlungen, bei denen Brot gebrochen wurde. Dies wird, ohne weitere Erklärung, in der Apostelgeschichte erwähnt (Apg 2,42.46), was darauf hindeutet, dass sich die Gläubigen in den frühen Tagen des Christentums täglich trafen, um das Brot zu brechen. In den drei synoptischen Evangelien (Markus, Matthäus, Lukas) ist die Rede davon, dass Jesus sich mit den Jüngern zum Mahl setzte, als er am Vorabend des Pessachfestes das Brot brach. Daher ist die christliche Praxis des Brotbrechens immer eng mit dem Sedermahl assoziiert, mit dem die Juden den Auszug aus Ägypten feierten. Wie beim Sedermahl wurden auch beim christlichen Abendmahl Wein und Brot gesegnet. Doch einen entscheidenden Unterschied gibt es: Während der Sederabend einmal im Jahr gefeiert wird, zum Auftakt des Pessachfestes, versammelten die Christen sich wesentlich öfter, um das Brot zu brechen – gewöhnlich mindestens einmal in der Woche. In diesem Sinne ähnelte das christliche Brotbrechen eher dem wöchentlichen Abendmahl, mit dem die Juden den Sabbat einläuten. Und tatsächlich weisen alte Schriften zur Feier der Eucharistie Ähnlichkeiten auf mit den Festlichkeiten und Gebeten, die beim Seder und zum Auftakt des Sabbats Verwendung finden.

Vom Samstagabend zum Sonntagmorgen

Interessanterweise findet sich kein einziger Hinweis darauf, dass die Christen sich versammelten, um das Abendmahl als Auftakt des Sabbats zu feiern, also am Abend des Tages, den wir heute als Freitag bezeichnen. So verlangte es die jüdische Tradition. Wo für die Zusammenkunft der Christen ein Wochentag angegeben ist, wird entweder der „Tag des Herrn", der „erste Tag der Woche" oder – in Texten, die sich explizit an Heiden wenden – der „Tag der Sonne" genannt.

Die früheste Erwähnung dieser Praxis findet sich im Neuen Testament in der Apostelgeschichte. Paulus hält sich gerade in Troas auf und will am nächsten Morgen mit dem Schiff abreisen. Der Erzähler berichtet: „Als wir am ersten Wochentag [Wörtlich heißt es hier: „am ersten Tag nach Sabbat", *mia tōn sabbatōn*.] versammelt waren, um das Brot zu brechen, redete Paulus zu ihnen." Doch die Versammlung fand offensichtlich am Abend statt, denn weiter heißt es: „Und er dehnte seine Rede bis Mitternacht aus" (Apg 20.7). In der jüdischen Tradition nämlich zählte man die Tage nicht von Mitternacht bis Mitternacht, wie wir das heute tun, sondern von Sonnenuntergang bis Sonnenuntergang. Somit wäre der Abend des Samstags schon der Beginn des Sonntags. Es handelte sich also nicht um ein Sabbatmahl, weil es am Samstagabend stattfand, an dem für jüdische Christen der erste Tag der Woche begann, der Tag der Auferstehung.

Wenn man dies berücksichtigt, dann scheint es, dass die frühen jüdischen Christen am Samstagmorgen zuerst zum Sabbatgebet in die Synagoge gingen – als ihnen dies noch gestattet war –, um am Abend desselben Tages, an dem in ihrer Zählung der nächste Tag begann, mit ihren christlichen Freunden das Brot zu brechen.

Das wäre vor allem für die Juden praktisch gewesen, denn diese hatten über Generationen hinweg Mittel und Wege gefunden, um die Sabbatruhe einzuhalten. Entweder, indem sie selbstständige Berufe ausübten wie Paulus und Aquila, die sich als Zeltmacher betätigten (Apg 18,2 f.). Oder indem sie über genügend finanzielle Mittel verfügten, um sich vom Druck des Marktes und der Gesellschaft zu befreien wie Philon von Alexandria und seine Familie. Für die immer größer werdende Zahl der Heidenchristen hingegen war dies schwieriger, denn sie waren häufig Sklaven, Ehefrauen, Klienten[12] oder Angestellte, und damit von Menschen abhängig, die keinen Grund hatten, ihnen an einem bestimmten Tag der Woche freizugeben. Für diese Heidenchristen war es einfacher, sich nicht am Abend zu versammeln, sondern möglichst früh, noch bevor die Morgendämmerung anbrach und mit ihr die üblichen Aufgaben und Verpflichtungen einsetzten.

Das Anwachsen der heidnischen Gläubigen innerhalb der christlichen Kirche brachte noch einen weiteren wichtigen Wandel mit sich. Die Römer nämlich zählten die Tage nicht von Sonnenuntergang bis Sonnenuntergang, sondern von Mitternacht bis Mitternacht. Für die Heiden hieß das, dass der Abend des siebenten Tages immer noch derselbe Tag war und nicht der erste der nächsten Woche wie in der jüdischen Zählung. Für die jüdischen Christen begann der erste Tag der Woche mit dem Sonnenuntergang am Sabbat und dauerte bis zum Sonnenuntergang am nächsten Tag. Wie wir noch sehen werden, gewann die Praxis des Sich-Versammelns am ersten Tag der Woche immer größere Bedeutung. Als also die Anzahl der Juden innerhalb der Kirche proportional abnahm, weil immer mehr Heidenchristen sich zugehörig fühlten, verlagerte sich das Brechen des Brotes allmählich auf die frühen Stunden des Morgens nach dem Sabbattag, gewöhnlich noch vor

Morgengrauen. Das ermöglichte es all jenen, deren sonstige Verpflichtungen sich bis weit in den Abend hinein erstreckten, am Ritual teilzunehmen. Außerdem ließ sich so gewährleisten, dass sowohl Heiden- als auch Judenchristen glauben, dass sie sich am ersten Tag der Woche versammelten. Und auch die Frauen, die zum Grab Jesu gingen und dieses leer fanden, waren in den frühen Morgenstunden des ersten Tages unterwegs.

Wann genau dieser Wandel vollzogen war, ist nicht leicht festzustellen. Die einzige Stelle im Neuen Testament, in der klar auf eine Zusammenkunft „am ersten Tag der Woche" hingewiesen wird, ist die Apostelgeschichte (Apg 20). Doch hier ist klar, dass das Treffen am Abend stattfand. Das bedeutet, dass zu der Zeit, als die Apostelgeschichte abgefasst wurde, also etwa um 80 n. Chr., es immer noch üblich war, sich am dem Sabbat folgenden Abend zu versammeln, also am heutigen Samstagabend. Mitte des 2. Jahrhunderts hingegen, als Justinus vom Brechen des Brotes am Tag, „den man gewöhnlich Tag der Sonne nennt", spricht, fand die Versammlung offensichtlich schon am Sonntag statt, vermutlich am Morgen, denn der Abend davor wäre nicht der „Tag der Sonne", sondern der „Tag des Saturn".

Natürlich liefen diese Umwälzungen nicht ohne Spannungen und Konflikte ab. So schreibt zu Beginn des 2. Jahrhunderts Ignatius von Antiochia in seinem Brief an die Magnesier (9,1): Eines der Zeichen, dass jemand ein Christ geworden sei, sei, dass man nicht mehr den Sabbat heilige, sondern den Tag des Herrn. Kurz darauf (wann genau ist leider nicht festzustellen) warnt ein anderer christlicher Schriftsteller seine Leser, sie sollten den jüdischen „Aberglauben rund um den Sabbat" meiden (Diognetbrief,

4,1). Mitte des 2. Jahrhunderts ist es wieder Justinus der Märtyrer, der bestätigt, dass die Christen sich zur Anbetung am ersten Tag der Woche träfen. Außerdem meint er, dass die Sabbatgesetze wegen der „Hartherzigkeit der Kinder Israel" erlassen worden seien. Es gebe, so Justinus, Christen, die jeden Kontakt mit Menschen vermeiden, die Jesus zwar als Messias, als Christus, betrachteten, aber trotzdem sich weiterhin an die alten Gebote hielten. Justinus selbst zeigt sich da gnädiger. Er will auch solche Menschen zur Kommunion zulassen, vorausgesetzt, dass sie nicht versuchen, andere Menschen zur Beachtung dieser Gebräuche zu verleiten.[13]

Das Zitat im Hinblick auf den „Tag des Herrn" findet sich in der kürzeren Version der Ignatiusbriefe, die nach allgemeiner wissenschaftlicher Meinung die authentische ist. Sehr viel später – vermutlich um das 4. Jahrhundert – gelangte dann noch eine längere Form der Briefe in Umlauf, die eindeutig anti-jüdische Töne anschlägt. Dort heißt es zum Beispiel: „Lasst uns also nicht mehr den Sabbat nach jüdischer Manier feiern und uns dem Müßiggang hingeben ... Doch soll ein jeder den Sabbat auf besondere Weise feiern, indem er das Gesetz kontempliert und Gottes Werke bewundert ... Sobald auf diese Weise dem Sabbatgebot Genüge getan wurde, soll jeder Freund Christi den Tag des Herrn feierlich begehen, denn dies ist der Tag der Auferstehung und damit der höchste aller Tage."[14] Dies zeigt, dass zumindest im 4. nachchristlichen Jahrhundert ein Teil, vielleicht sogar der Großteil der Christen, den Sabbat achtete und dann am nächsten Tag den Tag des Herrn feierte. In anderen Worten war der Tag des Herrn, der am ersten Tag der Woche gefeiert wurde, kein Ersatz für den Sabbat, sondern die getrennte Feier der Auferstehung Jesu.

Nach dieser Zeit häufte sich die Kritik an der Beachtung der Sabbatgebote, ja, es heißt gar, Jesus habe den Sabbat erfüllt und damit abgeschafft, denn der wahre Sabbat sei die Herrschaft Christi. Nirgendwo aber gibt es einen Beleg für diese Vorstellung, der Sonntag habe den Sabbat ersetzt. Am nächsten kommt dieser Idee vermutlich Victorinus von Pettau, der die christlichen Riten am letzten und ersten Tag der Woche wie folgt erklärt:

> *Am siebenten Tag ruhte er von all Seinen Werken und segnete und heiligte sie. Am Tag davor [Freitag] sind wir gewohnt, streng zu fasten, damit wir am Tag des Herrn das Brot brechen und Ihm Dank sagen können. Daher soll am Paraskevé [*am „Tag der Vorbereitung", den die Juden als Vorbereitung auf den Sabbat sahen, die Christen als Gedenktag an die Kreuzigung*] strengstens gefastet werden, damit wir nicht den Anschein geben, den Sabbat mit den Juden zu feiern, von denen Christus selbst, der Herr des Sabbats, durch Seine Propheten sagen ließ, dass er sie hasse aus tiefster Seele, da Er den Sabbat in Seinem Leib abschaffte.*[15]

All diese Texte stammen aus der Zeit vor Konstantin dem Großen. In einem der folgenden Kapitel werden wir uns mit der christlichen Sicht des Sabbats nach Konstantin beschäftigen. Doch vorher wollen wir uns noch eingehender mit den Riten befassen, die die Christen am Tag des Herrn – *dominica* – für angemessen erachten.

4
Die Bedeutung des Ersten Tages der Woche

Der Tag der Auferstehung

Es liegt auf der Hand, weshalb der erste Tag der Woche für die Christen eine so enorme Bedeutung hatte: Es war der Tag, an dem Jesus von den Toten auferstanden war. Neben der bereits erwähnten Begebenheit am leeren Grab und der Begegnung mit Maria Magdalena erscheint Jesus „am selben Tag" zwei Jüngern auf der Straße nach Emmaus (Lk 24,13) und den Jüngern, die sich in Jerusalem hinter verschlossener Tür versteckten „aus Furcht vor den Juden" (Joh 20,19). Dass Jesus an diesem Tag auferstanden war, ließ den Tag überhaupt erst zum „Tag des Herrn" werden, zu seinem Siegestag und damit auch zum Jubeltag für alle, die an ihn glaubten.

Im 1. Jahrhundert begann man, den ersten Tag nach dem Sabbat als „Tag des Herrn" zu bezeichnen, und alles scheint darauf hinzuweisen, dass der Grund hierfür die Auferstehung Jesu war. Doch ein erster unstrittiger Beleg dafür ist uns erst im 2. Jahrhundert überliefert, nämlich im apokryphen Petrusevangelium, das wohl Mitte des 2. Jahrhunderts oder früher entstanden ist. Der Autor kannte ganz offensichtlich die vier kanonischen Evangelien und erzählte die Geschichte der Passion mit dramatischen Untertönen versehen nach. Beim Besuch der Frauen am Grab, den die kanonischen Evangelien stets schlicht am „ersten Tag der Woche" stattfinden lassen, wird der Autor des Petrusevangeliums genauer. Sie seien „am Morgen des Tages des Herrn" am Grab gewesen. Natürlich ist die Aussage letztlich die gleiche, doch wird hier zum ersten Mal ein Bezug gestiftet zwischen der Auferstehung und dem Tag des Herrn.

Danach lesen wir bei griechischen Autoren immer wieder, dass der erste Tag der Woche nicht nur der Tag des Herrn ist, sondern auch der Tag der Auferstehung.

Die Verbindung zwischen dem Tag des Herrn – *dominica* – und der Auferstehung Jesu ist vermutlich in der Ähnlichkeit mit der jüdischen Pessachfeier zu suchen. Beim Pessachfest gedenken die Juden der Befreiung des Volkes Israel vom Joch der Ägypter. Damals streckte der Engel des Herrn die Erstgeborenen Ägyptens nieder, ging jedoch an den Wohnstätten der Kinder Israels vorüber. (Der hebräische Begriff *pessach* heißt wörtlich „Vorübergehen".) Ein zentrales Element dieser Feier ist das Sedermahl, bei dem Wein und Brot gesegnet und geteilt werden zum Gedenken an den Auszug aus Ägypten. Nun versammelten sich auch die Christen, segneten Brot und Wein und teilten dieses im Gedanken an den glorreichen Tag, an dem ihr Herr von den Toten auferstanden war und sie vom Joch des Todes, der Sünde und des Bösen befreit hatte. Daher wurde Jesus auch häufig als „unser Pessach" bezeichnet. Die Christen sahen im Lamm, das geschlachtet wurde, um mit seinem Blut die Häuser der Kinder Israels zu bezeichnen, einen Vorläufer Jesu, des Lammes, das geopfert wurde, um die zu retten, die an es glaubten. Obwohl Jesus das Abendmahl am Vortag seiner Passion gefeiert hatte, war es doch kein

Tag der Trauer. Mit dem Abendmahl feierte man den Sieg, den er durch Tod und Auferstehung errungen hatte.

Aus diesem Grund entwickelte sich schon bald ein wöchentlicher Zyklus von kirchlichen Bräuchen, die mit Tod und Auferstehung Jesu verknüpft waren. Am vierten und am sechsten Tag der Woche (Mittwoch und Freitag) wurde gefastet, um des Verrats an Jesus und seiner Passion zu gedenken. Der siebte Tag aber sollte nach Möglichkeit ein Tag der Ruhe sein, der den Sabbat feierte, den Tag des Alten Bundes. Mit dem ersten Tag der Woche allerdings wurde alles neu, denn Jesus war auferstanden!

Natürlich schien es schon früh, ja vielleicht sogar von Beginn an sinnvoll, ein spezielles Fest auf den Kalender zu setzen zur Feier jener Ereignisse, derer man jede Woche gedachte. Dies jedenfalls war der Ursprung des Osterfestes, das auf Griechisch und in den romanischen Sprachen mit Bezeichnungen belegt wird, die sich auf „Pessach“ beziehen: Im Portugiesischen *pascoa*, im Spanischen *pascua*, im Französischen *pâques*, im Italienischen *pasqua*. Auf Spanisch bezeichnet man den Ostertag auch als *Domingo de Resurrección* (Auferstehungssonntag), was lateinisch gleichbedeutend *dominica resurrectionis* lautet. Das Osterfest war das erste Fest, das im christlichen Jahreslauf gefeiert wurde, lange vor Weihnachten.

An welchem Datum aber das Fest angesetzt werden sollte, war lange nicht klar – unter anderem, weil die Evangelien keine klaren Hinweise auf den Zusammenhang zwischen dem jüdischen Pessachfest und der Karwoche enthalten. In Kleinasien, wo der Einfluss des Johannesevangeliums am stärksten war, feierte man Ostern in Anlehnung ans Pessachfest am 14. Tag des jüdischen Monats Nisan.

Daher wurden die Anhänger dieser Praxis auch die *Quartodecimaner*, also die „Vierzehner" genannt. Das Ganze wurde noch verkompliziert durch die Tatsache, dass die jüdischen Kalender keineswegs einheitlich waren. Die Quartodecimaner waren sich also auch untereinander nicht einig, wann genau sie Ostern feiern sollten. In der Zwischenzeit wuchs die Zahl derer, welche die Auferstehung des Herrn auch am Tag des Herrn feiern wollten, immer stärker an, schließlich gedachte man dieses Ereignisses ja bereits an jedem Sonntag. Im 2. Jahrhundert dann entspann sich diesbezüglich eine lange Kontroverse, die mitunter freundschaftlich, mitunter aber auch mit einiger Erbitterung geführt wurde. Beteiligt waren einige der führenden Mitglieder der Kirche. Eusebius von Caesarea fasst die Auseinandersetzungen wie folgt zusammen:

> *Damals [circa 190] war ein nicht unbedeutender Streit entstanden. Während nämlich die Gemeinden in ganz Asien aufgrund sehr alter Überlieferung glaubten, man müsse den 14. Tag des Monats ... als Fest des Erlösungspascha feiern und auf jeden Fall an diesem Tage, gleichviel welcher Wochentag es gerade sein mochte, [....,] war es bei den Kirchen auf dem ganzen übrigen Erdkreis nicht üblich, es auf diese Weise zu halten; man beobachtete vielmehr aufgrund apostolischer Überlieferung den noch heute gültigen Brauch, dass an keinem anderen Tag als dem der Auferstehung unseres Erlösers die Fasten beendet werden dürfen.*[16]

Als Eusebius diese Worte niederschrieb, war der Konflikt zwar schon entschärft, aber keineswegs beigelegt. Auf dem

Konzil von Nicäa (325 n. Chr.) musste Konstantin der Große die Bischöfe eindringlich zur Einigkeit mahnen. Eusebius berichtet: „So drang ein einheitlicher Glaube durch, und für das Osterfest einigten sich alle auf denselben Zeitpunkt.“[17] Dennoch: Als sich 16 Jahre danach die Bischöfe in Antiochia versammelten, um dort eine auf Anweisung Konstantins erbaute Kirche zu weihen, hielten sie es offensichtlich für nötig, drastische Strafen anzudrohen: „All jene, die den Beschlüssen der großen Synode von Nicäa zuwiderhandeln, werden aus der Kirche ausgestoßen und exkommuniziert werden, wenn sie sich dieser weisen Entscheidung widersetzen.“[18] Ähnliche Dekrete wurden in den folgenden Jahren noch öfter erlassen, was darauf schließen lässt, dass diesbezüglich eben keine Einigkeit herrschte. Am Ende starben die Quartodecimaner mehr oder weniger aus, sodass es doch noch zu einer gewissen Einigkeit kam.[19]

Für unsere Fragestellung ist die quartodecimanische Kontroverse von Bedeutung, weil man das Quartodecimanertum aus zwei Gründen ablehnte: Zum einen, weil es der Kirche offensichtlich angemessen erschien, die jährliche Feier der Auferstehung an jenem Tag zu begehen, der auch dem wöchentlichen Gedenken diente – also am Tag des Herrn, am Sonntag. Zum anderen, weil die Kirche es für unangebracht hielt, das Datum dieses großen Festes nach dem jüdischen Kalender auszurichten. Während die Kirche immer mehr von Heidenchristen und immer weniger von Judenchristen getragen wurde, gerieten vermehrt all jene in die Kritik, die als Christen den Sabbat heiligen wollten. Daher beschloss man, dass dieses bedeutsame christliche Fest im Jahreslauf sich nicht am jüdischen Kalender ausrichten sollte.

Doch bei allen Differenzen hinsichtlich der Festsetzung des Datums, das große Fest der Auferstehung (das, wie wir gesehen haben, von den frühen Christen als Pascha bezeichnet wurde) war das erste Fest, das jährlich gefeiert wurde. Das zog andere Entwicklungen nach sich, die nicht immer genau datiert werden können. Jedenfalls wurde es bald Brauch, am jährlichen Festtag der Auferstehung auch die Taufe jener Menschen zu feiern, die sich – mitunter jahrelang – darauf vorbereitet hatten, sich der christlichen Gemeinschaft im priesterlichen Gebet anzuschließen, den Friedenskuss zu empfangen und die Kommunion. Obwohl jeder Tag des Herrn die Auferstehung Jesu feierte, entwickelte sich das jährliche Auferstehungsfest allem Anschein nach auch bald zu dem Tag, an dem der Gläubige in Christus neu erstehen konnte.

Der erste Tag der Schöpfung

Die Vorstellung, dass mit Jesus Christus die Schöpfung neu beginnt, zeigt sich schon in der frühchristlichen Literatur, zum Beispiel im berühmten Versprechen des Apostels Paulus: „Wenn also jemand in Christus ist, dann ist er eine neue Schöpfung. Das Alte ist vergangen, Neues ist geworden“ (2 Kor 5,17). So verband sich das Werk des eingeborenen Sohnes Gottes mit der ursprünglichen Schöpfung. Im Prolog zum Evangelium nach Johannes lesen wir dementsprechend, dass das Wort, durch das alle Dinge entstanden sind, ursprünglich bei Gott, nun aber Fleisch geworden war in Jesus.

Dies stiftete einen unmittelbaren Zusammenhang zwischen der Feier der neuen Schöpfung, die mit der Auferstehung Jesu begann, und jener der ursprünglichen Schöpfung. Im Buch Genesis heißt es, dass Gott die ganze Welt in sechs Tagen geschaffen hat und am siebten ruhte, wodurch er die Tradition des Sabbats begründete. Dies hieße, dass der erste Tag der Woche auch der erste Tag der Schöpfung war. Sehr schön unterstreicht dies Justinus der Märtyrer im 2. Jahrhundert, wenn er in seiner an die Heiden gerichteten *Apologie* schreibt: „Am Sonntage aber halten wir alle gemeinsam die Zusammenkunft, weil er der erste Tag ist, an dem Gott durch die Umwandlung der Finsternis und des Urstoffes die Welt schuf, und weil Jesus Christus, unser Erlöser, an diesem Tage von den Toten auferstanden ist. Denn am Tage vor dem Saturnustage [den die Römer als ersten und wichtigsten Tag der Woche betrachteten] kreuzigte man ihn und am Tage nach dem Saturnustage, d. h. am Sonntage, erschien er seinen Aposteln und Jüngern."[20]

Diese Sicht vom Tag des Herrn als Tag der Auferstehung des Herrn und als Tag, an dem eben dieser Herr die Schöpfung neu schuf, stärkte die Argumente gegen die Gnostiker, die Marcionisten und andere, die davon ausgingen, dass die materielle Welt an sich böse war und daher nicht das Werk desselben Gottes sein konnte, der sich in Jesus Christus offenbart hatte. Dieser Argumentation ausführlich nachzugehen würde jedoch den Rahmen des vorliegenden Buches sprengen.

Der achte Tag

Ebenso wenig wie die Juden glaubten die Christen, dass der sich wiederholende Zyklus der Wochen und der Jahre endlos sei. Es würde der Tag kommen, an dem dieser Zyklus durchbrochen werde, an dem ein neues Zeitalter aufdämmern würde. Dann wäre der letzte Sabbat angebrochen, ein ewiger Tag der Ruhe und Freude. Da die Christen die Auferstehung des Herrn am ersten Tag der Woche feierten und diesen mit dem ersten Tag der Schöpfung verknüpften, kam bald die Vorstellung auf, dass der erste Tag gleichzeitig der achte Tag sei, dass man an diesem Tag also neben der Auferstehung Jesu und des Beginns einer neuen Schöpfung auch das Versprechen des achten Tages, des Beginns der Ewigkeit, zu feiern hatte.

Für diesen Gedankengang gibt es bereits in der jüdischen Literatur Beispiele.[21] Der erste christliche Autor, der in dieses Horn stößt, ist der Verfasser des Barnabasbriefes. Dieses Dokument wird auf die Zeit zwischen 95 und 135 n. Chr. datiert. Der Verfasser zeigt sich überzeugt davon, dass die sündigen Menschen unfähig sind, den Sabbat zu heiligen, wie es das Gebot befiehlt. „Wir befinden uns im Irrtum“, schreibt der Verfasser, „wenn wir glauben, dass jemand, der nicht reinen Herzens ist, den Tag heiligen kann, den der Herr geheiligt hat“ (15, 6). Das wird erst dann der Fall sein, wenn wir gerechtfertigt sind und das Evangelium empfangen haben“ (15, 7). Gottes Wort aus dem Mund der Propheten, die den Sabbat verdammen, müsse man hingegen so verstehen: „Eure jetzigen Sabbate sind mir unerträglich. Der einzig erträglich ist mir der, den ich selbst geschaffen habe und an dem ich, indem ich alles an ein

Ende kommen lasse, das Heraufziehen eines achten Tages beschwöre, den Beginn einer neuen Welt“ (15, 8). Und er fügt hinzu: „Deshalb ist es angebracht, dass wir den achten Tag festlich begehen, denn dies ist der Tag, an dem Jesus sich erhoben hat von den Toten und, nachdem er sich geoffenbart hat, in den Himmel aufgestiegen ist“ (15, 9). Anders ausgedrückt: Der erste Tag der Woche, an dem die Christen die Auferstehung Jesu feiern, ist auch der achte Tag und deutet daher voraus auf den letzten Tag der ewigen Freude und Ruhe.

Einige Jahrzehnte später bringt auch Justinus der Märtyrer in seinem *Dialog mit dem Juden Trypho* den Tag des Herrn mit dem achten Tag in Verbindung, indem er sich mit der symbolischen Bedeutung der Zahl Acht in den hebräischen Schriften auseinandersetzt. Diese verweist seiner Ansicht nach auf den achten Tag, den Tag der Auferstehung Jesu. Die Beschneidung der jüdischen Jungen am achten Tag nach der Geburt deutet in seinen Augen voraus auf die Beschneidung von Irrtum und Sünde, die Jesus am Tag der Auferstehung vorgenommen hat.[22] Und auch die Acht, die zu Noahs Zeit vor der Sintflut gerettet worden waren, sind in Wirklichkeit ein Verweis auf die Auferstehung.

Wenn wir einige eher verwirrende Passagen bei Clemens von Alexandria überspringen, der sich über die Beziehung zwischen den Wochentagen und der Weisheit der Philosophen, Ärzte und anderer Gelehrter Gedanken macht (*Stromateis* 5,14 und 6,16), und einen eher zweideutigen Satz bei Tertullian (*Über den Götzendienst*, 14), dann ist die zeitlich nächste christliche Schrift, die sich mit diesem Thema befasst, ein Brief von Zyprian an einen Bischof, der von ihm Aufklärung über einige Fragen bezüglich der Taufe erbittet. Auch Cyprian geht ein auf den engen Zusammenhang zwischen der Beschneidung, dem achten Tag und der Taufe. Seine Schlussfolgerung ist: „dass die die Feier der jüdischen Beschneidung am achten Tag ein Geheimnis im Schatten war, das auf das Kommen Christi vorausdeutete. Denn der achte Tag, der erste nach dem Sabbat, würde einmal der Tag sein, an dem der Herr aus dem Grabe auferstand und uns spirituell beschnitt. Jener achte Tag, der erste nach dem Sabbat und somit der Tag des Herrn, war vorher nur ein Zeichen. Dieses Zeichen aber verlor seine Bedeutung, sobald die Wirklichkeit seinen Platz einnahm und uns die spirituelle Beschneidung zuteilwurde."[23]

Nach Konstantin drückte sich dieser symbolische Zusammenhang häufig aus in der achteckigen Form der frühesten uns bekannten Taufkirchen und Taufbecken. So wurde das Baptisterium zum Ort der Einweihung in das Geheimnis des achten Tages ewiger Freude. Wurde dies auch vor Konstantin schon so gehandhabt? Leider können wir dies nicht mit Sicherheit sagen, da wir keinerlei Belege dafür haben. Das älteste Baptisterium, das die Archäologen rekonstruiert haben, stand in Dura-Europos und stammt aus dem 3. nachchristlichen Jahrhundert. Das Taufbecken ist rechteckig und so groß, dass der Täufling darin knien konnte, während er darauf wartete, dass ein Mensch, der außerhalb stand, ihm Wasser über den Kopf goss. Doch bald nach Konstantin sind viele achteckige Taufkirchen und Taufbecken nachgewiesen.

Wie auch immer, nach Konstantin finden sich immer öfter Verweise auf den Tag des Herrn nicht nur als ersten, sondern auch als achten Tag der Woche, den Tag der eschatologischen Verheißung. In seinem monumentalen

Werk über den *Gottesstaat*, in dem Augustinus seine Sicht der Geschichte der Menschheit entwickelt, teilt er diese ein in sechs Abschnitte, die den sechs Tagen der Schöpfung entsprechen. Am Ende verleiht er seiner Hoffnung Ausdruck: „Das siebte [Weltalter] aber wird unser Sabbat sein, dessen Ende kein Abend ist, sondern der Tag des Herrn, gleichsam der achte ewige, der durch Christi Auferstehung seine Weihe empfangen hat und die ewige Ruhe vorbildet, nicht nur des Geistes, sondern auch des Leibes! Dann werden wir stille sein und schauen, schauen und lieben, lieben und loben. Das ist's, was dereinst sein wird, an jenem Ende ohne Ende. Denn welch anderes Ende gäbe es für uns, als heimzugelangen zu dem Reich, das kein Ende hat?"[24]

5
Christliche Rituale für den Ersten Tag der Woche

Kein Fasten, kein Niederknien

Es gibt leider nur wenige Hinweise darauf, wie die frühen Christen den ersten Tag der Woche, oder auch andere Wochentage, konkret feierten, abgesehen davon, dass dies der Tag der gemeinsamen Anbetung war. Wir wissen lediglich etwas über die Fasten- und Gebetspraxis. Tertullian schreibt: „Am Sonntage halten wir es für ein Unrecht zu fasten oder auf den Knien zu beten.“[25]

Die Geschichte der kirchlichen Fastentage ist etwas kompliziert und leider auch nicht vollständig geklärt. In vielen Schriften ist davon die Rede, dass die Gläubigen am Freitag, dem Gedenktag der Kreuzigung, fasten sollen. Ebenso viele Belegstellen gibt es für das Fasten am Mittwoch, dem Tag, an dem Jesus verraten wurde. In einem vermutlich anti-jüdischen Text, der *Didache*, heißt es: „Bei eurem Fasten haltet es aber nicht mit den Heuchlern: Diese fasten nämlich am zweiten und fünften Tage nach dem Sabbat [unser heutiger Montag bzw. Donnerstag]. Ihr aber sollt fasten am vierten Tage und am Rüsttage [unser heutiger Mittwoch bzw. Freitag].“[26]

Unter den verschiedenen Schriften über das Fasten – zu denen auch Tertullians Traktat *Über das Fasten* zählt, in dem sich der Kirchenlehrer an einen Gläubigen wendet, der das Fasten offenkundig ablehnt – ist auch ein kurzer Abschnitt in Tertullians Traktat *Über das Gebet*, der gerade für unsere Zwecke besonders aufschlussreich ist. Darin weist Tertullian die Auffassung zurück, dass man an Fasttagen[27] nicht zur Kommunion gehen dürfe, weil Brot und Wein ja das Fasten beenden würden. Tertullian entgegnet, dass die Kommunion keineswegs die durch das Fasten hergestellte Verbindung zu Gott unterbräche, sondern sie vielmehr verstärke. Interessant ist diese Stelle vor allem deshalb, weil sie der früheste Beleg dafür ist, dass gefastet wurde, bevor man zur Kommunion ging. Der Text selbst legt nahe, dass dies an bestimmten, nicht näher bezeichneten Tagen des Fastens ein Problem war. Tertullian nennt hier nicht den Tag des Herrn – *dominica* –, was bedeuten kann, dass die Kommunion auch an anderen Tagen gereicht wurde. Oder es ging um bestimmte Sonntage, an denen auch gefastet wurde. Hier lässt uns Tertullian leider im Unklaren.

Einige Jahrzehnte später lässt die *Didaskalia Apostolorum* Jesus das Gebot erteilen: „Ihr sollt nicht fasten am ersten Tag der Woche, denn dies ist der Tag meiner Auferstehung" (*Didaskalie* 13). Das Fasten wird dort angeordnet für die Zeit vom Tag vor dem Sabbat bis in die frühen Morgenstunden des ersten Tages der Woche, denn dies sei die Zeit, in der Jesus gekreuzigt wurde und im Grabe lag. Dann aber folgt ein Freudentag, an dem das Fasten gebrochen wird, denn die Gläubigen sollten „essen und feiern, sich ergötzen und fröhlich sein, denn Christ ist erstanden, und er ist die erste Frucht unserer Auferstehung." (*Didaskalie* 13)

Die *Didaskalie* gibt als Grund für das Fastenverbot an, dass der Tag des Herrn ein Tag der Freude ist, der festlich begangen werden soll. Manche Gläubigen schlugen hierbei wohl ein bisschen über die Stränge, warnt die *Didaskalia Apostolorum* doch gleich zu Beginn vor den Versammlungen, in denen es zu locker und lustig zugehe, in denen man Götzenbildern Lieder darbringe und sich der Leichtfertigkeit und Vulgarität hingebe (*Didaskalie* 1).

Wie das christliche Gebet tatsächlich aussah, lehrt uns die *Apostolische Überlieferung* (*Traditio Apostolica*) des Hippolytus von Rom. Obwohl dieses Dokument erst Anfang des 3. Jahrhunderts verfasst wurde, erläutert Hippolytus darin die Gebräuche seiner Jugendzeit, die er als „Tradition" bezeichnet. Man ist sich weitgehend einig darüber, dass die darin beschriebenen Praktiken aus der Mitte des 2. nachchristlichen Jahrhunderts stammen und römische Gebräuche wiedergeben. Auf die liturgischen Praktiken werden wir später noch genauer eingehen. Doch Hippolytus umreißt auch, wie das tägliche Gebet aller Gläubigen aussehen sollte:

> *Lasst alle Gläubigen, ob Männer oder Frauen, wenn sie morgens aus dem Schlaf erwachen, noch bevor sie irgendetwas anderes tun, die Hände waschen und zu Gott beten. Danach sollen sie in ihren Verrichtungen fortfahren ...*
>
> *Wenn ihr in der dritten Stunde zu Hause seid, sprecht ein Gebet und dankt Gott; seid ihr aber außerhalb, dann sprecht das Gebet unhörbar im Herzen. Denn zu jener Zeit wurde Christus an den Baum genagelt ... Auch zur sechsten Stunde sollte ihr ein Gebet sprechen, denn nachdem Christus ans Kreuz genagelt wurde, riss der Vorhang im Tempel entzwei und es trat eine tiefe*

Finsternis ein ... Zur neunten Stunde sprecht ein großes Gebet und sagt großen Dank ... Betet erneut, bevor euer Leib im Bett zur Ruhe gelangt ... Erhebt euch um die Mitternacht, wascht eure Hände mit Wasser und betet ... Sobald aber der Hahn kräht, erhebt euch und betet von Neuem. (Traditio Apostolica, 4, 35 – 36*)*[28]

Dies empfiehlt Hippolytus für jeden einzelnen Tag, also auch für den Tag des Herrn. Zusammen mit den Anweisungen Tertullians ergibt dies also folgendes Bild: Am Tag des Herrn versammelten die Christen sich zur Anbetung und beteten im Stehen. Sie sprachen ihre Gebete wie an jedem anderen Tag, nur mit dem Unterschied, dass sie dabei nicht niederknieten.

Dass der Tag des Herrn ein Tag der Freude war, merkte man also vor allem daran, dass das Gebot, sich während des Gebetes hinzuknien oder auf den Boden zu werfen, für den ersten Tag der Woche nicht galt. Eine der ersten Belegstellen hierfür[29] stammt aus der Feder von Tertullian und wurde um das Jahr 200 verfasst. Der Kirchenlehrer äußert sich hier ablehnend über die Gewohnheit von „ein paar Leuten“, am Sabbat, dem siebten Tag der Woche, nicht niederzuknien. Diese Praxis habe die Kirche einzig für den Tag des Herrn und für das Pfingstfest vorgesehen. Diese Rüge des Kirchenvaters ist es wert, ausführlich zitiert zu werden, weil er darin nicht nur über das Niederknien spricht, sondern auch den Grund für die Aufhebung dieses Brauchs am Tag des Herrn nennt. (Sie ist auch zitatwürdig, weil Tertullian hier beinahe irenäischen Eifer an den Tag legt, der seiner sonstigen Zurückhaltung eher widerspricht. Doch dies steht auf einem ganz anderen Blatt.). Tertullian also schreibt:

Auch hinsichtlich der Kniebeugung erfährt das Gebet eine verschiedene Behandlung durch ein paar Leute, welche am Sabbat ihre Knie schonen. Da sich diese Abweichung gerade jetzt mit großer Hartnäckigkeit in den Gemeinden hält, so gebe Gott seine Gnade, dass diese Leute entweder davon abstehen oder wenigstens ihrer Meinung folgen, ohne anderen ein Ärgernis zu geben. Wir müssen uns gemäß der Überlieferung einzig am Tag der Auferstehung des Herrn nicht bloß dieses, sondern jeden Anzeichens von Furcht und jedes daraus hervorgehenden Dienstes ... enthalten, um dem Teufel keinen Raum zu geben.[30]

Tertullian betrachtete es also als Tradition, dass man beim Beten am Tag des Herrn nicht niederkniete. Seiner Ansicht nach lag das daran, dass der Gläubige an diesem Tag keine Furcht und keine Dienstfertigkeit zeigen sollte, sondern die Selbstsicherheit, mit der man vor den eigenen Vater tritt. Der Tag des Herrn sei der Tag, an dem die Gläubigen durch die Auferstehung Jesu als Kinder Gottes angenommen würden. Daher müssten sie Gott keine Demut bezeugen, wie sie dies an jedem anderen Tag im Gebet täten.

Doch die Angelegenheit ließ sich eben nicht so schnell aus der Welt schaffen, wie Tertullian hoffte. Im 4. Jahrhundert hatte sich das Problem in eine andere Richtung entwickelt: Nun ging es nicht mehr darum, dass manche Menschen am Sabbat nicht niederknien wollten, sondern dass sie es jeden Tag taten. So ging das Konzil von Nicäa 325 darauf ein, dass „manche Menschen auch am Tag des Herrn und an Pfingsten" kniend beteten. Dagegen wurde ein Dekret erlassen, das bestimmte, dass an jenen Tagen im Stehen gebetet werden sollte (Konzil von Nicäa, Kanon 20). Doch auch wenn sich zur Zeit des Konzils manche Gläubigen noch dagegen wehrten, so zeigt Tertullians Text doch eindeutig, dass diese Praxis sich schon seit geraumer Zeit hielt.

Die Ausführungen des Hippolytus zeigen jedenfalls, dass er die Zusammenkunft zum gemeinsamen Gebet zwischen dem ersten und dem zweiten persönlichen Gebet ansetzt. Das wiederum lässt darauf schließen, dass der Gottesdienst gewöhnlich am Morgen des ersten Tages der Woche (an unserem Sonntagmorgen) stattfand und nicht mehr – wie es früher der Fall war – am Vorabend, an dem nach jüdischer Zählung der erste Tag begann (am heutigen Samstagabend also). Die Kirche des Hippolytus besteht hauptsächlich aus heidnischen Konvertiten, für die es leichter war, sich am frühen Morgen von ihren Pflichten zu befreien denn am späten Abend. Und noch eines zeigen seine Anweisungen: Dass es Menschen gab, die nicht einfach offen überall beten konnten. Manchmal mussten sie sich darauf beschränken, die Gebete „in ihrem Herzen" zu sprechen.

Auch die Tatsache, dass am Tag des Herrn nicht gefastet werden sollte, geht aus Tertullians Anweisungen zum christlichen Gebet hervor. Diese war ebenso auf den siegreichen, freudvollen Charakter dieses Tages zurückzuführen wie das Gebot, an diesem Tag nicht kniend zu beten.

Die Verehrung am Tag des Herrn

Wie die christliche Anbetung in der Frühkirche genau ausgesehen hat, lässt sich leider nur sehr schwer rekonstruieren. Das liegt erstens daran, dass es keine Belege dafür gibt, dass die Bräuche hier wie dort dieselben waren. Da sich zu jener Zeit zwischen den einzelnen Orten ein beständiger Austausch nicht aufrechterhalten ließ, war Einheitlichkeit kaum je herzustellen. Zweitens sind die überlieferten Schriften, welche den Gottesdienst und seine Regelungen betreffen, die „Kirchenordnungen“, nicht sicher zu datieren. Die meisten davon geben vor, aus apostolischer Zeit zu stammen. Drittens lässt sich bei den überlieferten Kirchenordnungen nur schwer feststellen, ob sie die realen Gegebenheiten jener Zeit abbilden oder ob der Autor nicht vielmehr versucht, auf das, was tatsächlich passiert, Einfluss zu nehmen. Solange man aber nicht versucht, die verschiedenen Belege in ein einheitliches, kohärentes Ganzes umzudeuten, lässt sich in den frühchristlichen Gottesdiensten durchaus eine allgemeine Linie erkennen.

Zumindest können wir sicher sein, dass die Anbetung am ersten Tag der Woche ein Freudenfest war und keine Trauerfeier. So viel legen wenigstens die bislang zitierten Texte nahe. Am ersten Tag der Woche wurde die Auferstehung des Herrn gefeiert und die Fülle der Schöpfung, die auf den nicht endenden „achten Tag“ der Freude vorauswies. Wie wir gehört haben, sollten die Gläubigen aus diesem Grund auch an diesem Tag weder knien noch fasten.

Das Herzstück des Gottesdienstes war das gemeinsame Mahl, bei dem – wie in den Evangelien beschrieben – nach der Segnung von Brot und Wein das Brot gebrochen und den Teilnehmenden gemeinsam mit dem Wein gereicht wurde. (In *Didache* 9 wird zuerst Wein gereicht, dann Brot. In den meisten überlieferten Dokumenten aber ist die Reihenfolge eine andere und hat sich bis heute weitgehend so erhalten.) Wie oben angeführt, fand dieses

Mahl in den Anfangszeiten zu Beginn des ersten Tages der Woche statt, also nach Sonnenuntergang am Sabbat, unserem heutigen Samstagabend. Eine gewisse Zeit lang gingen die Gläubigen zuerst zur Sabbatfeier in die Synagoge, wie sie das seit jeher getan hatten. Dort beteten sie, sangen die Psalmen, lasen die Schriften und lauschten ihrer Erläuterung. Als die Kluft zwischen Juden und Christen allmählich immer größer wurde, vertrugen sich jüdische und christliche Schriftauslegung immer weniger. Die Christen wurden nicht mehr in die Synagogen gelassen und verlegten ihre gemeinsamen Aktivitäten auf die Zeit zu Beginn ihrer Versammlung, also vor dem gemeinsamen Mahl, das wir heute als „Abendmahl" kennen.

Doch dies brachte neue Schwierigkeiten mit sich. Das gemeinsame Mahl war ein christlicher Ritus, der zeigte, dass jene, die sich Christus durch die Taufe angeschlossen hatten, von ihm genährt wurden. Die *Didache* wird hier unmissverständlich klar: „Aber keiner darf essen oder trinken von eurer Eucharistie, außer die auf den Namen des Herrn getauft sind. Denn auch hierüber hat der Herr gesagt: ‚Ihr sollt das Heilige nicht den Hunden geben.'"[31] Auch Tertullian mahnt, dass die Menschen die Kommunion nur nach der Taufe nehmen dürfen.[32] Bei Hippolytus heißt es in der *Apostolischen Überlieferung*: „Kein Katechumenat [der sich auf die Taufe vorbereitet] soll am Abendmahltisch sitzen."[33] Doch die Unterweisung in den Schriften, das Gebet und der Lobpreis mussten auch für all jene offen sein, die zwar noch nicht getauft waren, jedoch mehr über den christlichen Glauben erfahren oder sich auf die Taufe vorbereiten wollten. Daher bürgerte sich allmählich der von mehreren Autoren bezeugte Brauch ein, dass man die künftigen Täuflinge, die Katechumenaten[34], am ersten Teil des Gottesdienstes teilnehmen ließ, der aus dem gemeinsamen Gebet, dem Lobpreis, der Lesung und der Predigt bestand. Vor der eigentlichen Eucharistiefeier entließ man sie anschließend. Am genauesten sind uns diese Praktiken in der *Apostolischen Überlieferung* von Hippolytus überliefert. Dort darf der Neugetaufte sich zum ersten Mal den Priestern anschließen im „Bekenntnis der Gläubigen" und den Fürbitten für die Welt. Anschließend erhält er zum ersten Mal die Kommunion.[35]

Der Gottesdienst war also in zwei Teile aufgeteilt, die wir kennen als den „Wortgottesdienst" und die eigentliche Eucharistiefeier, auch bezeichnet als „Messe der Katechumenaten" und „Messe der Gläubigen".

Die Praxis, dass jene, die nicht an der Kommunion teilnehmen durften, vorher weggeschickt wurden, hielt sich noch lange nach der Konstantinischen Zeit. Auch auf dem Konzil von Laodicea – nicht das Laodicea des Neuen Testaments, sondern das in Phrygien – im 4. nachchristlichen Jahrhundert waren die Neugetauften Thema. Im 19. Kanon heißt es dort:

> *Nach der Predigt des Bischofs soll zuerst das Gebet für die Katechumenaten gesprochen werden. Nach deren Auszug spricht man das Gebet für die Bußfertigen. Sobald diesen die Hand aufgelegt wurde, werden in gleicher Weise die drei Gebete für die Gläubigen gesprochen: das erste in Stille, das zweite und dritte laut. Darauf erfolgt der Friedenskuss ... Und schließlich wird das Heilige Opfer (prosfora) dargebracht* [wörtlich: die Darbringung der Opfergabe, also das Opfern selbst].

Kurz zusammengefasst

Wenn wir uns die Fragestellung des ganzen Kapitels noch einmal vor Augen führen, dann gibt es bestimmte Punkte, die für die historische Entwicklung des Sonntags von besonderer Bedeutung sind.

Erstens gibt es eine ganze Reihe von Belegstellen, die zeigen, dass Christen schon sehr früh begannen, sich am ersten Tag der Woche zu treffen, um im Gedenken an Jesus das Brot zu brechen. Da zu jener Zeit der Tag mit dem Sonnenuntergang begann und in der frühen Kirche die meisten Gläubigen Juden waren, fand das Brechen des Brotes mit großer Wahrscheinlichkeit am Samstagabend nach dem Sabbat statt, denn dies war nach jüdischer Anschauung der Beginn des ersten Wochentages.

Zweitens verschob sich der Zeitpunkt, an dem man sich zum Brechen des Brotes traf, von den Abendstunden auf den frühen Morgen, also vor Sonnenaufgang, als die Gemeinden sich immer mehr aus Heidenchristen zusammensetzten. Das hatte zwei Gründe: Erstens war es für die Heiden weniger problematisch, sich in den frühen Morgenstunden von ihren Verpflichtungen freizumachen. Zweitens begann für die Heiden der erste Tag der Woche sowieso mit der Mitternacht des siebten Tages.

Drittens gibt es zwar eine Menge anti-jüdischer Polemik in den Schriften der frühen Kirchenväter, zum Beispiel den Vorwurf, die Juden würden den Sabbat untätig vertrödeln. Manche Kirchenväter behaupteten sogar, Jesus habe das Gebot der Sabbatruhe abgeschafft, weil er ja das Versprechen des Alten Bundes erfüllt habe. Doch nur ganz wenige Textstellen gehen davon aus, dass der christliche

Tag des Herrn den Sabbat ersetzen solle. Andere Autoren wiederum meinen, dass die Christen den Sabbat ebenso einhalten sollten, aber auf ihre eigene Weise, also zur Vorbereitung auf den Tag des Herrn.

Viertens erwartete man nicht, dass man am Tag des Herrn von der Arbeit ruhen und sich ganz dem Gebet, der Kontemplation und dem Studium der Schriften widmen solle.

Fünftens war die Verbindung des Vierten Gebotes mit den sonntäglichen Bräuchen, die später für die christliche Frömmigkeit und Theologie charakteristisch werden sollten, in der frühen Kirche noch nicht gegeben.

Sechstens war der erste Tag der Woche – der Tag des Herrn – kein Tag der Nüchternheit und Strenge. Ganz im Gegenteil galt er als ein Tag der Freude, der mit der Auferstehung Jesu in Verbindung gebracht wurde, aber auch mit dem Beginn einer neuen Schöpfung an eben jenem Tag, an dem die ursprüngliche Schöpfung einsetzte, sowie mit der eschatologischen Erwartung des „achten Tages“. Da der Tag des Herrn ein Festtag war, war es den Gläubigen verboten zu fasten. Und da an diesem Tag der Gläubige als Kind Gottes angenommen wurde, durfte er am Tag des Herrn nicht kniend beten.

All dies zeigt, dass die christliche sonntägliche Anbetung keineswegs eine so simple Angelegenheit war, wie man uns glauben machen will. So gab es beispielsweise ausführliche Rituale für die Taufe, in der zahllose Dinge und Substanzen symbolisch gebraucht wurden – Öl, Milch, Honig, Wasser und vieles mehr.

Teil 2
VON KONSTANTIN BIS ZUM ENDE DER ANTIKE

Zu Beginn des 4. Jahrhunderts erlebte die Kirche eine bahnbrechende Umwälzung. Innerhalb weniger Jahrzehnte wurde sie der schlimmsten Verfolgung, die sie je zu erdulden hatte, enthoben. Wenn zunächst auch nur geduldet, so erhielt sie doch bald Unterstützung vonseiten des Staates, bis am Ende das Christentum die einzige offizielle Staatsreligion war – mit Ausnahme des Judentums.

Dieser radikale Wandel wirkte sich auf alle Aspekte des kirchlichen Lebens aus. Bischöfe und Kirchenführer waren nunmehr angesehene Mitglieder der Gemeinschaft. Man errichtete immer prächtigere Kirchen. Das Katechumenat – der lange Aufnahmeprozess, den Konvertiten bis zur Taufe durchlaufen mussten – verschwand praktisch völlig. Christliche Schriften vermehrten sich explosionsartig, ebenso wie das Interesse und die Mittel zu ihrer Bewahrung. Mit der Folge, dass von einzelnen christlichen Autoren, wie zum Beispiel dem Heiligen Augustinus, mehr überliefert ist als von allen frühkirchlichen Autoren zusammen. Für unsere Studie heißt dies, dass ich im Weiteren nicht mehr jeden nur verfügbaren Text zitieren kann, wie ich es in den vorangehenden Kapiteln getan habe, sondern mich auf eine – hoffentlich typische – Auswahl von Texten beschränken muss.

Und auch der Sonntag wurde nun grundlegend anders gestaltet: Erstens wurde er zu einem Tag der Ruhe umgewidmet – an diesem Punkt gehen die Konstantinischen Bestimmungen mit heutiger Praxis konform. Zweitens kam es zu Veränderungen im Ablauf und im Verständnis der Messe.

6
Konstantin und die neue kaiserliche Politik

Das Konstantinische Edikt

Am 7. März 321 erließ Kaiser Konstantin ein Edikt, das zu heftigen Diskussionen über die Bedeutung christlicher Gebräuche am ersten Tag der Woche Anlass gab. Dieses Edikt lautete:

> *Am verehrungswürdigen Tag der Sonne lasst die Richter und die Menschen in den Städten ruhen. Alle Werkstätten sollen geschlossen bleiben. Auf dem Land hingegen mögen Menschen, die die Landwirtschaft betreiben, im Einklang mit dem Gesetz ihren Bestrebungen weiter nachgehen, denn häufig ist für das Aussäen von Getreide oder das Pflanzen von Weinstöcken ein anderer Tag nicht geeignet. Und wenn man für solche Verrichtungen nicht den richtigen Zeitpunkt einhält, geht der vom Himmel geschenkte Überfluss verloren.*[36]

Dieses Dekret wird häufig als Beleg angeführt, dass es Konstantin war, der den ersten Tag der Woche zum besonderen Feiertag der Christen gemacht hat, und dass bis dahin die Zusammenkunft der Gläubigen stets am Sabbat stattgefunden hätte. Diese Auffassung wird häufig gestützt durch Verweis auf zwei christliche Historiker, die kurz nach diesen Umwälzungen ihre Schriften verfassten im Bemühen, Konstantins Dekret eine christliche Motivation zu unterlegen.

Der erste ist Eusebius von Caesarea, der Vater der Kirchengeschichte, der in seinem *Leben Konstantins* schreibt: „Auch setzte er fest, dass als der dem Gebete geweihte Tag der Tag zu gelten habe, der in Wahrheit berechtigt und tatsächlich der erste, der Tag des Herrn und Erlösers, sei.“[37]

Im folgenden Jahrhundert stieß ein weiterer Historiker ins selbe Horn. Salamanes Hermeias Sozomenos wiederholt das von Eusebius Gesagte und unterstreicht dabei explizit, dass Konstantin dieses Edikt den Christen zu Gefallen erlassen hat: „Am sogenannten Herrentag, den die Hebräer den ersten nennen und die Hellenen der Sonne weihen [...] ließ er durch Gesetz alle Menschen von Prozessen und sonstigen Geschäften frei sein und mit Bitt- und Dankgebeten die Gottheit verehren. Den Herrentag ehrte er, weil an ihm Christus von den Toten auferstanden ist.“[38]

Doch weder Eusebius noch Sozomenos sagen oder deuten auch nur an, dass es Konstantin war, der anordnete, die christliche Messe müsse an einem Sonntag gehalten werden. Wie wir bereits gesehen haben, gibt es eine ganze Reihe von Texten, die sehr viel älter sind als das Konstantinische Edikt und die zeigen, dass der wichtigste Tag für die gemeinsame Anbetung der Christen der erste Tag der Woche war, den sie den „Tag des Herrn“ nannten – *kyriaka* oder *dominica*. Als er die frühkirchliche Häresie der Ebioniten zurückweist, schreibt Eusebius selbst: „Den Sabbat und die sonstigen jüdischen Riten achtete diese Richtung gleich den anderen, doch feierte sie auch gleich uns den Tag des Herrn zur Erinnerung an die Auferstehung des Erlösers."[39]

Wenn wir das Edikt Konstantins genauer unter die Lupe nehmen, entdecken wir, dass dort der Sonntag nicht als „erster Tag der Woche" oder als „Tag des Herrn" bezeichnet wird. Zu Konstantins Zeit nämlich war der erste Tag der Woche nicht der Sonntag, sondern der Samstag – der Tag des Saturn. Konstantin befahl also, dass der nach dem römischen Kalender zweite Tag der Woche, der gewöhnlich der Sonne gewidmet war, ein Ruhetag sein sollte. Außerdem ist im ganzen Dekret nirgendwo von religiösen Praktiken die Rede, lediglich von Ruhe. Es waren Christen wie Eusebius und Sozomenos, die das Edikt als besonders christenfreundlich interpretierten, da es sich angeblich auf den ersten Tag der Woche als Gedenktag an die Auferstehung beziehe. Doch selbst vor diesem Hintergrund erwähnt Eusebius mit keinem Wort, dass Konstantin diesen Tag zum Gebetstag der Christen erkoren habe. Er schreibt lediglich, Konstantin habe diesen Tag zum Tag des Gebets erklärt, und es sei damit eben jener Tag gemeint, den die Christen als Tag des Herrn feierten. Sozomenos geht ein Jahrhundert später deutlich weiter. Der Grund, aus dem Konstantin dieses Edikt erlassen habe, so Sozomenos, sei gewesen, dass dies der Tag der Auferstehung Christi war.

Tatsächlich aber waren Konstantin und seine Familie schon seit geraumer Zeit Anhänger des Gottes der Unbesiegten Sonne, Sol Invictus. Auch die heidnischen Religionen Roms tendierten allmählich zum Monotheismus oder zumindest zu einem System, in dem die Sonne alle anderen Gottheiten überragte. In gewissem Sinne war dies eine Degradierung des Saturn, dessen Tag – der Samstag – lange

Zeit den Beginn der römischen Woche darstellte. Konstantins Beziehung zum christlichen Glauben ist für den Großteil seines Lebens eher als zwiespältig anzusehen. Ganz offensichtlich versuchte er, es den Anhängern beider Religionen recht zu machen, den Christen ebenso wie den Verehrern des Sol Invictus. Er verbot die Christenverfolgungen und verlieh der christlichen Kirche und ihren Führern eine Reihe von Privilegien. Doch er sagte sich nicht vom Sol Invictus los, dessen Hohepriester er war. Es gibt dazu eine anschauliche Legende über Konstantin: Als Konstantin die Grenzen seiner Stadt abschritt, die später zu Konstantinopel werden sollte, fand sein Gefolge offensichtlich, dass er die Grenzen sehr weit steckte. Daher fragte ihn einer seiner Männer: „Wie weit, Herr, willst du gehen?“ Und er antwortete: „So weit, wie der, der mich führt.“ Das konnten die Christen nun als Anspielung auf ihren Gott verstehen, aber die Anhänger der Sonne ebenso. Und taufen ließ Konstantin sich erst auf dem Sterbebett.

Konstantins Edikt, das den Sonnentag zum Ruhetag machte, wurde also von Christen wie Eusebius und Sozomenos als Konzession an ihren Glauben verstanden. In Wirklichkeit handelte es sich wohl eher um den Ausdruck seiner zwiespältigen Religionspolitik und seines Wunsches, die Sonne über den Saturn zu stellen.

Was die Geschichte des Sonntags angeht, entfaltete sein Edikt allerdings enorme Auswirkungen. Denn bis dato hatten die Christen ihre sonntäglichen Gebräuche nicht mit der Sabbatruhe verbunden. Der Sonntag war eben kein Ruhetag gewesen. Die meisten Christen konnten zu jener Zeit nicht selbst über ihre Zeiteinteilung bestimmen. Da der Sonntag jetzt jedoch offiziell als Ruhetag festgesetzt war, musste gesetzlich geregelt werden, welche Beschäftigungen an diesem Tag rechtens waren. Dem folgten bald auch kirchliche Gebote, die regelten, welche Tätigkeiten am Sonntag erlaubt und welche verboten waren. Unter diesen Umständen ist es nicht weiter verwunderlich, dass man nun den Sonntag mit der Sabbatruhe in Verbindung brachte und mit dem Gebot, das die Achtung des Sabbats befahl. Sonntag und Sabbatruhe waren nun, anders als im frühchristlichen Denken und Glauben, eng verknüpft. Auf lange Sicht führte dies zu erneuten Diskussionen, zum Beispiel darüber, ob der Sonntag den Sabbat nun abgelöst habe oder ob die Christen ihre Messe nicht besser am Samstag halten sollten.

Andere Edikte

Dem ersten Edikt von 321 folgte noch eine Reihe weiterer, die alle mit dem „Tag der Sonne" zu tun hatten.[40] Wenige Monate nach dem ersten Dekret (genauer gesagt am 3. Juli) erging ein zweites, das die Freilassung von Sklaven zum Inhalt hatte. Auch hier gibt es keinen Hinweis auf christliche Gepflogenheiten, Konstantin bezeichnet den Sonntag auch darin wieder als *die solis*. Im Jahr 365, also sehr viel später, erließen die beiden Kaiser Valentinus und Valens ein gemeinsames Dekret, wonach Christen an diesem Tag – *die solis* – nicht vor Gericht gestellt werden sollen. Erst 386 unter der Herrschaft von Kaiser Theodosius taucht in offiziellen Schriftstücken zum ersten Mal die Bezeichnung *dominica* auf, Tag des Herrn, wie die Christen diesen Tag schon seit Langem nannten. Ende 386 erlässt Theodosius ein Edikt, in dem wir folgende Zeitangabe finden: „am Tag der Sonne, den die Vorväter Tag des Herrn nannten". Im Jahr 399, also zwölf Jahre später, erlassen Arcadius und Honorius, Theodosius' Söhne und Erben, ein Edikt, das bestimmte Schaustellungen „am Tag des Herrn" – *die dominica* – verbietet. Doch noch 409 scheint folgende Klärung nötig: *Dominica die, quam vulgo solis appelant*, „der Tag des Herrn, den man allgemein auch Tag der Sonne nennt". Theodosius II. bezieht sich 425 hingegen ganz einfach auf „den Tag des Herrn, der der erste Tag der ganzen Woche ist". Offensichtlich sind zu dieser Zeit keine Hinweise auf den Tag der Sonne mehr nötig und die Woche beginnt nicht mehr am Tag des Saturn, sondern wie in der jüdischen Tradition am Tag nach dem Sabbat.

Die unmittelbaren Auswirkungen der neuen Politik

Entgegen der allgemein verbreiteten Auffassung gibt es zahlreiche Belege dafür, dass Christen schon lange vor Konstantins Regierungszeit am ersten und nicht am siebten Tag der Woche zusammenkamen, um miteinander Gottesdienst zu feiern und das Brot zu brechen. Obwohl sich diese Gepflogenheit also schon lange vor Konstantin herausgebildet hatte, brachte das kaiserliche Dekret von 321 doch einige Veränderungen für den christlichen Umgang mit dem Sonntag mit sich. Manche dieser Veränderungen zeigten sich vergleichsweise früh, andere erst deutlich später.

Die unmittelbarste und dauerhafteste Auswirkung auf die Christengemeinden war sicher, dass ihr Tag der Anbetung nun zugleich ein Ruhetag war, der sehr viel später auch als „Sabbat“ bezeichnet werden sollte. Doch bis dahin sollten noch einige Jahrhunderte vergehen. Dass der Tag der Anbetung nun auch ein Ruhetag war, hatte allerdings baldige Auswirkungen auf den Zeitpunkt, zu dem die Christen zur Messe zusammenkamen. Bis dato hatte man sich entweder am Abend des Sabbats getroffen, dem Beginn des ersten Wochentages nach jüdischer Zeitrechnung (siehe Apostelgeschichte 20) oder – in überwiegend heidenchristlichen Gemeinden – sehr früh am nächsten Morgen, bevor die täglichen Pflichten zu erledigen waren. Nun aber, da der Tag des Herrn ein offizieller Ruhetag war, konnte man sich zu einer etwas bequemeren Zeit treffen – gewöhnlich später am Morgen und nicht wie früher vor Morgengrauen. Im Gefolge dieser Veränderungen entstanden nun auch kunstvoll abgestimmte Liturgien. Daher werden wir uns in den nächsten Kapiteln zunächst mit dem Wandel der Liturgie beschäftigen und mit dem Tag des Herrn als Ruhetag, ehe wir uns mit der christlichen Aneignung, Ablehnung beziehungsweise Umwandlung des jüdischen Sabbats befassen.

7
Der Wandel in der christlichen Anbetung

Die Fortführung einer Tradition

Obwohl es sich hier nicht um eine Geschichte der christlichen Liturgie handelt, müssen wir doch einen kurzen Blick auf den Wandel werfen, den die neue Politik Konstantins im Gottesdienst auslöste. Schließlich war der Sonntag der Tag, an dem die Christengemeinden sich hauptsächlich versammelten.

Konstantins Edikt von 321 hatte vor allem den Effekt, dass die Liturgie sich immer stärker ausdifferenzierte. Womit aber nicht gesagt werden soll, dass die frühkirchlichen Gottesdienste völlig frei von Riten und Symbolen waren, wie viele aufgrund puritanischer Einflüsse glauben. Der älteste Kirchenbau, dessen Ruinen die Zeit überdauert haben, steht im syrischen Dura-Europos und ist reich ausgeschmückt mit Fresken, die biblische Szenen darstellen: Adam und Eva, die Sintflut, Gott als Schäfer, die Wunder Jesu Christi und seine Auferstehung. Schon in der *Didache* gibt es Anweisungen zum Ablauf dieser Zusammenkünfte. Sie beziehen sich sowohl auf die Rituale der Messe wie auch auf deren Wortlaut und scheinen vor allem dazu gedacht, eine gewisse Einheitlichkeit herzustellen. Hippolytus zum Beispiel gibt genaue Anweisungen zur Taufe, und diese sind alles andere als simpel. So erfahren wir beispielsweise, dass der Täufling am sechsten Tag der Woche zu fasten hat. Am siebten Tag, dem Sabbat, ruft der Bischof die Täuflinge dann zusammen. Er bittet diese niederzuknien, treibt böse Geister aus, indem er ihnen die Hand auflegt, und bläst ihnen seinen Odem ins Gesicht. Dann versiegelt er mit einem Handzeichen Stirn, Ohren und Nase und befiehlt ihnen, aufzustehen und die Nacht im Gebet zu verbringen. Am nächsten Tag (dem Tag des Herrn) spricht der Täufling über dem Wasser stehend ein Gebet, und die Taufe beginnt. Es gibt zwei Ölgefäße (das Öl des Dankes und das des Exorzismus). Den Ältesten und Diakonen werden ganz bestimmte Aufgaben zugewiesen. Jeder Täufling muss Satan und dem Bösen abschwören und dann nackt ins Taufbecken steigen. Während der Taufe legt er ein Glaubensbekenntnis ab. Nachdem er mit dem Öl des Dankes gesalbt wurde, legt man ihm neue Kleider an und nimmt ihn auf in die Gemeinschaft der Gläubigen, wo er eine Reihe von Zeremonien durchlaufen muss, die Hippolytus bis ins kleinste Detail schildert.

Die Vorstellung, dass christliche Riten vor Konstantin schlicht gewesen wären, ohne Staffage, ohne Riten oder Zeremonien, ist angesichts dieser schriftlichen und archäologischen Belege unhaltbar. Allerdings dienen die hier angeführten Riten und Symbole nicht zur Ausschmückung der Zeremonie, sondern verweisen auf tiefere Zusammenhänge. Oder wie der große Liturgieforscher Gregory Dix meint: „Die frühen Belegstellen über die Feier der Eucharistie deuten weniger auf Einfachheit denn auf große Direktheit hin.“[41]

Es zeigt sich also, dass es auch schon vor der Zeit Konstantins Bemühungen gegeben hat, den Gottesdienst zu vereinheitlichen. Es mag von Ort zu Ort Unterschiede gegeben haben, aber Ähnlichkeiten sind zumindest feststellbar. Die Kontroverse um die Quartodecimaner zeigt recht anschaulich, wie dieser Vereinheitlichungsprozess verlief: Die einzelnen Kirchen befolgten verschiedene Praktiken und versuchten, diese durch den Verweis auf ihr angebliches Alter zu rechtfertigen. Doch als der Kontakt zwischen den einzelnen Gemeinden immer enger wurde, gab es Bemühungen, diese Unterschiede zu beseitigen, was nicht selten zu erbitterten Streitigkeiten führte. Ähnlich scheint es im Bezug auf liturgische Differenzen gewesen zu sein. Über die Frage, welche Beziehungen zwischen den verschiedenen Formen des Gottesdienstes bestehen, die uns aus der Zeit vor Konstantin und unmittelbar danach überliefert sind, hat es zahlreiche Diskussionen gegeben, auf die hier nicht eingegangen werden soll. Studiert man jedoch die zahlreichen Schriftzeugnisse, fällt schnell auf, dass es nicht nur wichtige Unterschiede gab, sondern eben auch das Bemühen, zu einer gemeinsamen liturgischen Form zu finden. Diese Bemühungen waren allerdings nicht durchweg erfolgreich, mit dem Resultat, dass Liturgiegeschichtler sich mit verschiedenen liturgischen Traditionen auseinandersetzen müssen – der syrischen, der byzantinischen, der römischen, der gallikanischen und so weiter. Selbst wenn man jedoch einräumt, dass Unterschiede bestehen, so sind die Ähnlichkeiten doch immer noch recht verblüffend. Wir können also davon ausgehen, dass der liturgische Wandel nach Konstantin weniger eine völlige Neugestaltung brachte, sondern eher eine Reihe von Anpassungen, die mitunter zwar radikal ausfielen, aber immer noch die liturgischen Praktiken der Frühzeit erkennen ließen.

Neue Gebäude – neue Glaubensgemeinschaften

Vom Ende der Christenverfolgungen und der Tatsache, dass der Tag des Herrn nun ein Ruhetag war, einmal abgesehen, war die augenfälligste Veränderung wohl, dass nun ganz neue Orte der Zusammenkunft entstanden, die häufig prächtig ausgeschmückt waren. In der Frühzeit trafen die Christen sich meist im Haus eines Glaubensbruders oder auf Friedhöfen und Bestattungsfeldern wie zum Beispiel in den Katakomben Roms. Noch im 3. Jahrhundert handelte es sich bei den „Kirchen“ oft um Privathäuser, die einzelne Räume für die Andacht bereitstellten, wie man an der bereits erwähnten Kirche in Dura-Europos sehen kann. Doch unter der schützenden Hand Konstantins, seiner Familie sowie seiner Nachfolger errichtete man nun Bauten, die allein dem Zweck der Andacht dienten. Diese waren häufig nach demselben Grundriss gebaut, wie die Römer ihn für ihre öffentlichen Gebäude verwendeten, die man traditionell „Basilica“ nannte, aus dem einfachen Grund, weil sie dem Kaiser – dem Basileus, dem König – gehörten. Im 4. Jahrhundert wiesen diese Basiliken meist ein Mittelschiff auf, das von den Seitenschiffen durch Säulenreihen getrennt war. Das Mittelschiff war an einem Ende von einem Atrium begrenzt, am anderen mündete es in eine Apsis, in der der Altar stand. Ein Querschiff gab dem ganzen Bau den Grundriss eines Kreuzes. Näher bei den Gläubigen, gewöhnlich vor dem Altar, stand ein Pult, an dem die Schriften gelesen und erläutert wurden. Manche dieser christlichen Basiliken waren tatsächlich recht schmucklos, andere wieder entfalteten eine strahlende Pracht.[42] Ausnahmslos waren diese Bauten sehr viel größer als die Gebäude, in denen

Christen sich vor Konstantin zum Gottesdienst getroffen hatten.

Diese größeren Gebäude aber stellten keineswegs reinen Luxus dar. Sie wurden mit der Zeit schiere Notwendigkeit, weil immer mehr Menschen aus allen Gesellschaftsschichten dem Beispiel ihrer Herren, ja ihres Kaisers folgten. Obwohl die Schätzungen teils weit auseinandergehen, sind sich doch alle Forscher darüber einig, dass die Christen, als Konstantin und Licinius die Christenverfolgung beendeten, eine verschwindend geringe Minderheit im Römischen Reich waren. Doch 70 Jahre später war der Großteil der nicht-jüdischen Bevölkerung getauft und die alten Religionen wurden als „Heidentum" beziehungsweise „Paganismus" bezeichnet, weil sie hauptsächlich auf dem Land von den „Dörflern", den *pagani*, aufrechterhalten wurden.

Das explosive Wachstum hatte Folgen. So war es zum Beispiel nicht länger möglich, alle Täuflinge monatelang auf die Zeremonie vorzubereiten. Es waren einfach nicht genug Kirchenlehrer für all die Taufwilligen vorhanden. Das Katechumenat wurde drastisch verkürzt. Einige Jahre vor dem Ende der Christenverfolgung hatte eine Synode in Spanien bestimmt, dass Katechumenen sich mindestens zwei Jahre lang vorbereiten sollten (Synode von Elvira, Kanon 42). Diese Vorbereitungszeit wurde nun immer mehr abgekürzt, auch weil viele ihre Kinder taufen ließen. Im Jahr 506 beschloss die Synode von Agde im Süden des heutigen Frankreich, dass Juden, die zum Christentum übertreten wollten, die Regeln der Katechumenen zu befolgen hätten, die eine achtmonatige Vorbereitungszeit vorsahen. Bald aber verschwand das Katechumenat vollständig und nur noch Konvertiten, die entweder jüdischen Glaubens waren oder aus Missionen außerhalb der früheren Reichsgrenzen kamen, mussten sich der Vorbereitung auf die Taufe unterwerfen.

Dies veränderte auch den sonntäglichen Gottesdienst radikal. Früher hatten die Katechumenen nach der Lesung der Schrift und deren Erläuterung sowie einigen Gebeten den Gottesdienst zu verlassen, da die eigentliche Eucharistiefeier den Getauften vorbehalten war. Diese Praxis wurde auch noch einige Zeit nach Konstantin beibehalten. Zumindest empfahl dies das Konzil von Laodicea noch ein halbes Jahrhundert nach Konstantin. Da aber wenig später ohnehin fast jeder Gläubige auch gleich die Taufe erhielt und es kaum noch Katechumenen gab, verschwand der Brauch vollständig.

Der Gottesdienst selbst wurde schnell prachtvoller und komplexer, was sich deutlich an den Messgewändern zeigt. Ein Jahrhundert vor Konstantin wurde Tertullian noch dafür kritisiert, dass er die prestigeträchtige römische Toga abgelegt und durch den einfachen Mantel, das *pallium*, ersetzt hatte. In seiner Rechtfertigung wies er darauf hin, dass die Toga Symbol römischer Macht und Eroberung sei, während das Pallium Einfachheit signalisiere und daher einem Christen besser zu Gesicht stünde. Er schließt mit den Worten: „Freue dich, Pallium, frohlocke! Eine bessere Philosophie hat dich nunmehr gewürdigt, seitdem du einen Christen zu bekleiden angefangen hast.“[43] Im Jahr 428, also hundert Jahre nach Konstantin, rügte Papst Coelestin dann die Bischöfe im heutigen Südfrankreich, weil sie zuließen, dass am Gewand erkennbar wurde, wer welches Amt bekleidete.[44] Doch damit stand Papst Coelestin auf verlorenem Posten, denn mittlerweile tauchten in der Kirche allenthalben neue Gewänder auf, die auf Rang und Amtsvollkommenheiten ihres Trägers schließen ließen. Ergebnis dieser Entwicklung war eine höchst komplizierte Kleiderordnung von den Schuhen bis zum Kopfschmuck, die für die einzelnen Accessoires symbolische Geltung beanspruchte. Letztlich aber diente die Kleiderordnung in erster Linie dazu, den eigenen kirchlichen Rang zu signalisieren und sich von den Laienchristen ehrfurchtsvoll bestaunen zu lassen.[45]

Ähnliche Entwicklungen gab es im Hinblick auf liturgische Gegenstände, Gesten und vor allem die Musik – gerade Letztere wurde immer komplizierter, sodass bald nur noch ein geschulter Chor die Lieder singen konnte. Die Versammlung der Gläubigen durfte nur zuhören und bewundern. Das soll nun nicht heißen, dass die Messe für die einfachen Gläubigen bedeutungslos war. Ganz im Gegenteil, sie erhielt dadurch eine solch mystische Kraft, dass allein schon die Anwesenheit zum Akt tiefer Frömmigkeit wurde.

Das Drama der Eucharistie wurde bald zum Höhepunkt im Leben der Menschen. Wie zuvor schon war es auch jetzt ein Drama der Hoffnung inmitten einer Welt der Verzweiflung und des Schmerzes. In der trostlosen, tristen Welt der Alltagsroutine begann jede Woche mit dem freudigen und überwältigenden Drama eines Gottes, der sich unter die Menschen begab, der für sie starb und wiederauferstand, um ihnen eine Zukunft zu bereiten, auf die sie hoffen durften.

Doch bald erhoben sich andere Kräfte, die versuchten, den freudvollen Charakter des Gottesdienstes zu eliminieren und einen grabesernsten Ton einzuführen. Doch diese Entwicklung wird in einem späteren Kapitel abgehandelt.

8
Vorschriften für den Tag des Herrn

Der Tag des Herrn als Ruhetag

Es liegen zwar mehrere christliche Schriften aus vorkonstantinischer Zeit vor, die zur Sabbatruhe Stellung nehmen und sie entweder gutheißen oder verurteilen, mitunter die Entscheidung auch ihren Gläubigen überlassen, doch es gibt keine einzige Belegstelle aus dieser Zeit, die den christlichen Tag des Herrn – *dominica* – als Ruhetag ansieht. Obwohl der Tag des Herrn – nach jüdischer Zählung der erste Tag der Woche – von Anbeginn an dem Gottesdienst gewidmet war, erwartete niemand, dass man an diesem Tag auch seine Geschäfte ruhen ließ. Tatsächlich wäre solch eine Erwartung in einem Umfeld, in dem Christen sich dem allgemeinen Lebensrhythmus anzupassen hatten, auch schwer zu verwirklichen gewesen. In dieser Hinsicht änderte das konstantinische Edikt von 321 das Leben für die Gläubigen radikal. Nunmehr befahl das Gesetz, diesen Tag zum Ruhetag zu machen, eben jenen Tag, an dem die Christen sich trafen, um das Brot zu brechen.

Der früheste Text, in dem kirchliche Autoritäten den Tag des Herrn als Ruhetag bezeichnen, ist Kanon 29 des Konzils von Laodicea, das etwa 60 Jahre nach dem konstantinischen Edikt zusammentrat. Dabei wird nicht nur Ruhe am

Tag des Herrn empfohlen (nicht befohlen), sondern auch die Einhaltung des Sabbats gegeißelt: „Christen sollen sich nicht dem jüdischen Brauch anschließen, den Sabbat zu achten, sondern an diesem Tag arbeiten. Sie sollen vielmehr den Tag des Herrn ehren und als Christen ruhen. Wenn man sie bei jüdischen Gebräuchen ertappt, sollen sie aus der Gemeinschaft der Gläubigen ausgestoßen werden."[46] Allein die Tatsache, dass dieser Beschluss für nötig erachtet wurde, scheint nahezulegen, dass die Frage der Sabbatruhe noch nicht abschließend geklärt war. Dies bestätigen auch die sogenannten *Apostolischen Konstitutionen*, die vermutlich in Syrien entstanden sind und wohl um die Zeit, in der sich das Konzil von Laodicea traf. Was die Sabbatruhe angeht, verkündet dieses frühe Regelwerk der Kirche, angeblich im Namen der Apostel Petrus und Paulus: „An fünf Tagen sollen die Knechte arbeiten; am Sabbat aber und am Sonntag sollen sie feiern in der Kirche wegen der Lehre der Gottseligkeit. Wir sagen nämlich, dass der Sabbat sich auf die Schöpfung und der Sonntag auf die Auferstehung beziehe."[47]

Meist aber war es den staatlichen Stellen überlassen, welche nicht-religiösen Aktivitäten sie am Tag des Herrn zuließen. Die kirchlichen Autoritäten regelten nur Dinge, die mit dem Gottesdienst zu tun hatten, zum Beispiel ob man an diesem Tage kniend beten oder fasten solle.

Eine bemerkenswerte Ausnahme hierzu bildet ein Beschluss, der 401 von einer Synode in Karthago gefasst wurde. Dieser verbot Theateraufführungen „am Tag der Sonne" – wörtlich *die solis*. Dieser Kanon ist deshalb so interessant, weil er eines der wenigen Beispiele darstellt, in denen kirchliche Autoritäten den Tag des Herrn als „Tag der

Sonne“ bezeichnen – und dies zu einer Zeit, in der, wie wir bereits gesehen haben, auch staatliche Stellen mittlerweile vom „Tag des Herrn“ – *dominica* – reden. Auf den ersten Blick scheint die Synode nur zu bestätigen, was die Kaiser Honorius und Arcadius zwei Jahre zuvor beschlossen haben. Doch während die Kaiser den Tag *dominica* nannten, sprachen die Bischöfe in Karthago vom *dies solis*. Während das Reich also allmählich die christliche Terminologie übernahm, schien die Kirche willens, traditionell heidnische Begriffe weiterzuverwenden.

Andere kaiserliche Gesetze

Die kaiserliche Gesetzgebung allerdings bemühte sich weidlich um Klärung der Frage, was an diesem besonderen Tag erlaubt war und was nicht. Konstantins erstes Edikt, das wir oben zitiert haben, befahl, dass die Gerichte geschlossen blieben und alle Arbeit zu unterbleiben habe – mit Ausnahme landwirtschaftlicher Aufgaben, die nicht warten konnten. Das zweite Edikt zum Thema, das Konstantin einige Monate nach dem ersten zusammen mit seinem Sohn Crispus erließ, darf vielleicht als Hinweis gewertet werden, welchen Einfluss die christlichen Vorstellungen von der Barmherzigkeit damals schon auf die kaiserliche Gesetzgebung ausübten, denn es erlaubte für diesen Tag auch die Freilassung von Sklaven. Gesichert aber ist dieser Einfluss nicht.

Im Laufe des 4. Jahrhunderts wurden dann immer mehr Gesetze zu religiösen Fragen erlassen, von denen einige auch den Sonntag betrafen. Eusebius schreibt, Konstantin selbst habe bald nach seinem Edikt von 321 seinen Soldaten befohlen, an diesem Tag ein Gebet zu sprechen, und ihnen sogar den Wortlaut vorgeschrieben. Doch auch hier lässt Konstantin seine religiöse Ambiguität nicht hinter sich, denn das Gebet wendet sich einfach an „Dich, unseren einzigen Gott und König". Das kann der Gott der Christen ebenso sein wie die Unbesiegte Sonne, die Konstantins Familie so lange anbetete.

Bald wurde eine Reihe von Edikten erlassen, die für diesen Tag alle öffentlichen Spektakel verboten: Theosius und Valentinian taten dies 386, Arcadius gesellte sich 392 zu ihnen in einem gemeinsamen Edikt, Arcadius und Honorius wiederholten diesen Beschluss 399, Arcadius und Theodosius II. 409 und Theodosius II. noch einmal 425. Dass so viele Erlasse nötig waren, um die Sache durchzusetzen, zeigt allerdings, dass das Volk davon offensichtlich wenig begeistert war und man nicht überall gehorchte.

Die Lektüre der Erlasse zeigt deutlich, dass die Verweise auf den Tag der Sonne – *dies solis* – immer weniger werden und der Sonntag immer öfter als „Tag des Herrn" bezeichnet wird. Gleichzeitig nimmt der christliche Einfluss immer mehr zu. Deutlich zeigt sich das zum Beispiel am Edikt Theodosius' II. von 409, in dem er anordnet, dass die Richter des Landes sich am Tag des Herrn vergewissern sollen, unter welchen Bedingungen ihre Gefangenen im Kerker leben müssen.

Auch die immer größer werdende Bedeutung eines bestimmten Sonntags tritt klar hervor. Es geht dabei um die Jahrestagsfeier der Auferstehung Jesu – die wir mittlerweile als Osterfest kennen. Eusebius schreibt, Konstantin habe nach dem Konzil von Nicäa an alle Kirchen ein Schreiben gerichtet, in dem er sie aufforderte, der Entscheidung des Konzils im Hinblick auf das Osterfest zu folgen. Dabei habe es sich allerdings nicht um einen kaiserlichen Befehl gehandelt. Konstantin habe vielmehr an die Einsicht aller appelliert, denn diese Gepflogenheit werde bereits von „allen Kirchen im Westen wie im Süden und im Norden der Erde und auch einige Kirchen in den östlichen Gegenden“[48] eingehalten. In der zweiten Hälfte des 3. Jahrhunderts erließen manche Kaiser eine Teilamnestie. Dieser Brauch setzte 367 ein. In jenem Jahr schufen die Kaiser Valentinian, Valens und Gratian sozusagen einen Präzedenzfall.

> *Aufgrund des Osterfestes [pascha], das wir im Innersten unseres Herzens feiern, lösen wir die Fesseln all jener, die unter Anklage stehen und im Gefängnis sitzen.*
>
> *Dessen ungeachtet aber sollen die Verräter, die Nekromanten, die Magier und Giftmischer, die Ehebrecher und Vergewaltiger sowie die Mörder von diesem Erlass ausgenommen bleiben.*[49]

Durch eine ähnliche Amnestie im Jahr 368 begründeten die drei Kaiser eine Tradition, die zwar nicht Jahr für Jahr wiederholt wurde, doch dem Ostersonntag eine ganz besondere Bedeutung verlieh. Kaiser Theodosius hob zusammen mit den Kaisern Gratian und Valentinian II. im Jahr 380 – kurz bevor er allein eine Amnestie aussprach – alle Gerichtsverfahren während der Fastenzeit auf: „Während der vierzig Tage, die der Osterzeit vorangehen ... sollen alle Verfahren und strafrechtlichen Untersuchungen unterbleiben.“[50]

Und im Jahr 389 schloss er sich mit den Kaisern Valentinian II. und Arcadius zusammen, um die Osterfeiertage einzuführen. Er befahl, dass der erste Tag des Jahres und die Gründungstage von Rom und Konstantinopel zu Ruhetagen werden sollten. Und weiter heißt es im Erlass: „Zu diesen Feiertagen zählen wir auch die heiligen Ostertage, die dem Ostertag entweder vorangehen oder nachfolgen (in jedem Fall sieben an der Zahl), und auch die Sonntage."[51]

9
Christliche Meinungen zum Sabbat

Frühe Auffassungen und die gegen sie gerichtete Polemik

Immer wieder wird die Meinung vertreten, dass Christen nach Konstantin den Sabbat ablehnten, ihn vergaßen oder die einstigen Sabbatbräuche auf den Sonntag übertrugen. Doch das stimmt nicht ganz. So nannten zum Beispiel noch im Mittelalter Griechisch sprechende Christen den siebten Tag der Woche *sabbaton*, während die Lateinischsprachigen von *sabbatum* sprachen. Der Begriff hat sich bis heute im modernen Griechisch beziehungsweise in den romanischen Sprachen erhalten, auch im deutschen Samstag. Vor dem Aufkommen des Christentums war auch nicht nur der siebte Tag der Woche ein *sabbatum*, man bezeichnete mit diesem Begriff auch die Woche an sich. Das spätlateinische Verb *sabbatizare* – sabbatisieren, also den Sabbat feiern – nimmt je nach Kontext manchmal positive, manchmal negative Bedeutung an. Tatsächlich ist die christliche Haltung zum Sabbat recht komplex. In den meisten Fällen aber bezeichnet *sabbatum* einfach den siebenten Tag der Woche.

Doch nicht nur die jüdische Bezeichnung für den siebten Tag der Woche überlebte, es finden sich zudem in zahlreichen Texten Belege dafür, dass viele Christen sich zwar am Sonntag mit ihren Glaubensgenossen trafen, den Tag davor jedoch ebenfalls feierlich begingen. Die zuvor zitierte Polemik des Eusebius gegen die Ebioniten zum Beispiel zeigt, dass dies durchaus üblich war (*Kirchengeschichte* 3, 27, 5). Dasselbe gilt für die Ermahnungen der Gemeinde, welche die *Apostolischen Konstitutionen* Petrus und Paulus in den Mund legen (*Apostolische Konstitutionen* 8, 33). Uns ist auch eine Predigt über die Versammlung am Sabbat überliefert, die man gewöhnlich Athanasius zuschreibt, die jedoch mit einiger Wahrscheinlichkeit von seinem Zeitgenossen Marcellus von Ancyra verfasst wurde. Dort heißt es: „Am Tag des Sabbats haben wir uns versammelt, kranken aber nicht am Judaismus – denn wir haben nichts mit falschen Sabbaten zu tun –, sondern wir sind am Sabbat zusammengekommen, um Jesus, den Herrn des Sabbats, anzubeten."[52] Etwa zur selben Zeit äußerte sich Sokrates Scholastikos über die unterschiedlichen Praktiken der Christen. Er gibt an, dass zwar die meisten Kirchen die Kommunion am Sonntag feierten, doch nicht wenige dies sowohl am Samstag als auch am Sonntag täten: „Noch ist da weniger Abweichung, was die religiösen Zusammenkünfte angeht. Obwohl fast alle Kirchen auf der Welt die heiligen Sakramente am Sabbat jeder Woche feiern [neben den Sonntagen], haben die Christen von Alexandria und von Rom, aufgrund irgendwelcher alter Traditionen, damit aufgehört. Die Ägypter in der Umgebung von Alexandria und die Einwohner von Thebais halten ihre religiösen Versammlungen am Sabbat ab, aber nehmen dort nicht an den Sakramenten teil, wie es unter Christen allgemein [also am Sonntag] üblich ist."[53]

Im folgenden Jahrhundert erwähnt auch Sozomenos die Tatsache, dass man sich in manchen Kirchen sowohl am Samstag als auch am Sonntag beziehungsweise am Samstagabend trifft (der, wie bereits erläutert, als Beginn des ersten Tages galt): „Aber auch für den Gottesdienst gilt nicht bei allen die gleiche Zeit oder Ordnung. So halten die einen auch am Sabbat, ebenso wie am Sonntag, ihre gottesdienstliche Versammlung, wie in Konstantinopel und fast überall, in Rom aber und in Alexandrien nicht mehr; in Ägypten kommen sie in vielen Städten und Dörfern, entgegen dem gemeinhin bei allen Üblichen, am Sabbatabend zusammen, nachdem sie schon gegessen haben, und nehmen an der Eucharistie teil."[54]

Andererseits gibt es auch Belegstellen, die zeigen, dass manche Christen fürchteten, die Einhaltung der Sabbatregeln würde die Christen zurück zum Judentum führen – denn zu jener Zeit war das Judentum noch eine missionierende Religion, die offen um Anhänger warb und mit dem Christentum in Wettstreit trat. Ein solcher Hinweis ist Kanon 19 der Synode, die zu einem nicht genannten Zeitpunkt während des 4. Jahrhunderts im phrygischen Laodicea stattfand. Dort heißt es: „Christen sollen nicht die Bräuche der Juden pflegen, indem sie die Sabbatruhe einhalten. An diesem Tag sollen sie arbeiten und stattdessen den Tag des Herrn ehren und – wo das möglich ist – als Christen auch ruhen. Wenn sie aber dem Judentum anhängen, dann sollen sie von der Gemeinschaft Christi ausgeschlossen werden."[55]

Wie wir gesehen haben, gab es schon vor Konstantin von christlicher Seite verschiedene Haltungen zum Sabbat – die letztlich damit zusammenhingen, wie der Autor zum Judentum an sich stand. Im 2. Jahrhundert forderte Ignatius die Magnesier auf, „nicht mehr den Sabbat zu halten, sondern ihr Leben nach dem Sonntag zu richten".[56] Auch der Pseudo-Barnabas scheint keine großen Sympathien für den Sabbat zu hegen, doch im Barnabasbrief finden sich keine Hinweise darauf, dass der Sonntag den Sabbat etwa ersetzt hätte. Justinus der Märtyrer hielt den Sabbat nicht ein, akzeptierte aber, wenn dies andere taten, solange sie nicht versuchten, andere Gläubige ebenfalls dazu zu bewegen. Während der gesamten vor-nizäanischen Zeit betrachteten die Christen den Tag des Herrn als Tag der Eucharistiefeier. Es gibt so gut wie keine Hinweise darauf, dass sie dies als Ersatz für den Sabbat betrachteten oder dass sie den Sonntag als Ruhetag – als Sabbattag – sahen. Der stets wiederholte Hinweis, dass der Tag des Herrn „der erste Tag der Woche" sei, lässt vermuten, dass sie sich mit den Juden insofern einig waren, als der Sabbat als siebter Tag der Woche galt.

Frühchristliche Polemiken gegen den Sabbat hatten weniger damit zu tun, ob man den Sabbat feierlich beging oder den nächsten Tag, sondern eher mit der Bedeutung des Sabbatgebotes, welches die Christen nicht wörtlich nahmen. So führt der Diognetbrief einige der Polemiken fort, die schon in den Evangelien auftauchen, und stellt die Frage: „Wie sollte es nicht gottlos sein, Gott zu verleumden, als verbiete er, am Tag des Sabbates etwas Gutes zu tun?"[57] Irenäus von Lyon hingegen wies darauf hin, dass der Christ direkt mit dem Vater spricht, also keine Ermahnung braucht, was er zu tun hat. „Deshalb bedürfen wir auch nicht des Gesetzes als unseres Erziehers. [...] Es braucht des Befehles nicht, einen Tag der Ruhe ohne Arbeit zuzubringen, wo man täglich Sabbat feiert, d. h. im Tempel Gottes, der da der Menschenleib ist, wo er Gott dient und allezeit Gerechtigkeit übt."[58]

Im 4. Jahrhundert finden sich immer noch unterschiedliche Haltungen zum Sabbat, die wie früher von der Haltung zum Judentum abhängen. Im Allgemeinen aber scheint es, wie die Schriften von Sokrates Scholastikos und Sozomenos bezeugen, als hätte sich der Brauch, die Kommunion am Samstagabend zu feiern, vor allem in ländlichen und abgelegenen Gegenden erhalten, nicht aber in großen Städten wie Rom oder Alexandria. Dort trafen sich die Christen an jenem Tag, den im 4. Jahrhundert sowohl der jüdische als auch der römische Kalender als ersten Tag der Woche betrachteten, nämlich am Sonntag.

Kirchengesetze über das Ruhegebot

Das Ruhegebot wurde erst nach Konstantin zum Thema. Da die Herrscher mehrfach verfügt hatten, dass der Tag des Herrn – oder der Tag der Sonne – ein Ruhetag sein sollte, kam die Frage auf, wie sich dieser Tag denn zum jüdischen Sabbat verhalte. Doch dies war ein Prozess, der sich über sehr lange Zeit hinzog, denn die Herrscher gaben, wie wir gesehen haben, in ihren Erlassen zwar an, welche Tätigkeiten an diesem Tag erlaubt waren und welche nicht, die Kirche jedoch begann erst spät, sich mit dieser Frage zu beschäftigen. Lange Zeit galten im Kirchenrecht nur ganz offensichtlich zur Lüsternheit verleitende Aktivitäten wie das Theater als verboten.

Während es also schon eine Reihe staatlicher Erlasse zum Ruhetag gab, begann die Kirche erst nach dem Fall des weströmischen Reiches, also im 6. Jahrhundert, die am Tag des Herrn verbotenen Tätigkeiten gesetzlich zu regeln.

Noch beim Konzil von Laodicea (um 380) herrschte keineswegs Einigkeit unter den Kirchenvätern. Während das Konzil nämlich die Sabbatruhe verbat, hieß es in den zur gleichen Zeit entstandenen *Apostolischen Konstitutionen*, dass sowohl der Sabbat als auch der Tag des Herrn Ruhetage seien.

Der Sabbat als Typos des Zukünftigen

Die frühen Christen – aber auch viele andere christliche Denker im Verlauf der Geschichte – hatten von jeher Mühe mit einer wörtlichen Interpretation der Hebräischen Bibel. Was sollten sie beispielsweise von Gottes Gebot halten, dass alle lebenden Geschöpfe in Jericho vernichtet werden sollten? So entwickelte sich schon bald eine Exegeseströmung, die diese alten Texte neu interpretierte, vor allem dort, wo ihre wörtliche Bedeutung verwerflich schien. Diese Strömung war inspiriert von jüdischen Vorläufern, aber auch vom griechischen Umgang mit dem weniger edlen Treiben ihrer Götter. Daraus entwickelte sich eine christliche Auslegungspraxis fragwürdiger Schriftstellen, welche die alten Texte eben nicht wörtlich nahm, sondern sie als Zeichen las, das auf eine geheime Bedeutung hinwies. Eine dieser Auslegetechniken war, dass man solche Texte zwar für historisch richtig nahm, ihre eigentliche Bedeutung aber im Verweis auf künftige (neutestamentarische) Ereignisse sah. Was alttestamentarisch angedeutet wurde, nannte man „Typos“, die ganze exegetische Richtung „Typologie“. Schwierige Texte jedenfalls las man auf ihre nicht offen zutage tretende Bedeutung hin.

Diese Methode wurde nun von christlicher Seite auch auf die Sabbatgesetze angewandt, was dazu führte, dass mitunter nicht klar erkennbar ist, was das eigentliche Gesetz und was die „geheime“ Bedeutung dahinter war. Die Gesetze jedenfalls galten als Allegorien oder „Schatten“, die zeichenhaft auf die spätere Erfüllung vorausdeuteten. Bald war es unter christlichen Theologen üblich, den Sabbat als „Typos“ zu betrachten, eine Präfiguration des Wirkens Jesu. Dies lässt sich an zahlreichen Texten nachweisen, doch da dies nicht das zentrale Thema unserer historischen Studie ist, sollen uns einige Beispiele genügen.

In einer häufig zitierten Textstelle erklärt Athanasius, dass „die erste Schöpfung am Sabbat endete. Die zweite Schöpfung begann am Tag des Herrn, als er das Alte wiederherstellte und erneuerte. So wie er in der Vergangenheit befahl, dass die Gläubigen den Sabbat heiligen sollten, so ehren wir nun den Tag des Herrn im Gedenken an die neue Schöpfung.“[59]

Johannes Chrysostomos, einer der berühmtesten Prediger aller Zeiten, unterstreicht die Bedeutung der Sabbatgebote, nur um dann zu erklären, dass diese vom Evangelium außer Kraft gesetzt worden seien.

Sicher brachte die Beachtung des Sabbats zu Anfang vielerlei Vorteile. So machte der Sabbat die Juden sanftmütiger und menschlicher ihren Mitmenschen gegenüber und lehrte sie, in Gottes Vorsehung zu vertrauen ... Er lehrte sie, Schritt für Schritt vom Bösen Abstand zu nehmen und den Dingen des Geistes mehr Beachtung zu schenken ... Auf diese Weise offenbarte der Herr ihnen in den Schatten die Wahrheit. Ist Christus nun gekommen, um dies alles zu zerstören? Keinesfalls! Er überhöhte all das vielmehr, denn nun war die Zeit gekommen, den Menschen eine höhere Form des Lernens zu offenbaren. Es war nicht mehr nötig, diejenigen, die frei vom Bösen waren und bereit, sich zum Guten zu erheben, niederzuhalten ... Wenn jemand in dauerndem Entzücken lebt, als Bürger des Himmels, welche Notwendigkeit besteht dann noch für den Sabbat? Lasst uns in dauernder Freude leben und uns vom Materiellen fernhalten. Lasst uns spirituelle Ruhe und Muße pflegen, indem wir unsere Hände vom gierigen Griff abhalten und unseren Körper von sinnloser und nutzloser Plackerei befreien.[60]

In dieser Predigt verwendet Johannes Chrysostomos einen Begriff, den er seiner Handschrift des Lukasevangeliums entnahm und den die meisten Übersetzer weglassen, weil ihr Text aus einer anderen Überlieferungstradition stammt. In dieser Handschrift also findet das Ereignis – nämlich dass die Jünger Ähren pflückten und sie zwischen den Händen zerreiben, woraufhin ihnen die Schriftgelehrten vorwarfen, den Sabbat nicht einzuhalten – am „zweitersten" [*deuteroprōtos*] Sabbat statt. Ambrosius von Mailand aber sah sich in seinem Kommentar zum Lukasevangelium offensichtlich genötigt, auf dieses merkwürdige Wort einzugehen. Seine Erklärung fußt auf seinem Verständnis des aktuellen Wertes des Sabbats.

Merkwürdig doch heißt es nach Lukas „zweiterster" und nicht „erstzweiter" Sabbat. Es sollte vorausgestellt werden, was an Bedeutung vorgeht. Zweiter heißt es deshalb, weil der erste, der ehemalige Gesetzessabbat, mit einer Strafbestimmung für den, der arbeitet, vorausging; „erster" hingegen deshalb, weil der Gesetzessabbat, welcher zuerst da war, abgeschafft wurde und an die erste Stelle jener rückte, der in zweiter Reihe eingesetzt wurde. Denn seitdem es am Sabbat erlaubt ist zu arbeiten und der Arbeiter keinerlei Strafe gewärtigt, verblieb dem Gesetzessabbate nach Aufhebung seiner Gültigkeit nicht einmal der Name mehr. Vielmehr ist, mochte er immerhin in der Reihenfolge der erste sein, an Bedeutung jener (zweite Sabbat) der erste und deshalb, weil er [zeitlich] der zweite war, nicht geringwertiger. So gibt es auch einen ersten Adam, und doch ist er dem zweiten Adam nicht vergleichbar ... Dem zweiten doch gebührt der Vorrang vor dem ersten, denn dieser war die Ursache des Todes, jener die des Lebens. So heißt es auch „zweiterster Sabbat", „zweiter" der Zahl, „erster" dem Vorzug seiner Wirksamkeit nach. Denn besser ist der Sabbat, der Strafnachlass, als jener, der Strafvorschriften gibt.[61]

Auch hier aber sagt Ambrosius mit keinem Wort, dass der Tag des Herrn, der Sonntag, an die Stelle des Sabbats gerückt ist. Was diesen Sabbat ersetzt, ist vielmehr die neue Ordnung, die mit Christus heraufgezogen ist. Der „zweite Sabbat", der zum ersten geworden ist, ist keineswegs ein anderer Wochentag, sondern bezieht sich auf eine andere, grundlegend erneuerte Beziehung zu Gott. Noch einmal verweist Ambrosius im Lukaskommentar auf diese Beziehung, nämlich dort, wo es um die Frau geht, die Jesus am Sabbat heilt (Lk 13,10–17). An dieser Stelle macht der Heilige deutlich, dass der Sabbat nicht durch einen anderen Wochentag ersetzt wird, sondern durch eine andere Beziehung zu

Gott: „So ist denn die Sabbatfeier ein Bild des Zukünftigen: Jeder, der das Gesetz und die Gnade erfüllt, wird durch die Barmherzigkeit Christi von den Beschwerden der leiblichen Gebrechlichkeit befreit werden. Darum wurde ehedem sinnbildlich durch Moses zum Voraus eine Heiligung angeordnet; sie sollte eine Vorübung für die künftige Heiligung und für die geistige Beachtung der Enthaltung von den Werken der Welt sein."[62] Bald darauf sollte Augustinus schreiben:

> *Christus befreite uns von dem allzu schweren Joch zu vieler Riten und Gebräuche, damit wir nicht mehr im Fleisch beschnitten werden müssen, keine Tiere mehr zu opfern haben und das Sabbatgebot beachten müssen, das besagt, dass wir alle sieben Jahre alle notwendigen Arbeiten nicht tun dürfen. Stattdessen sollen wir diese Dinge im Geiste beachten und indem wir die Schatten hinter uns lassen, die auf die Wahrheit vorausweisen, diese Gebote in ihrer spirituellen Bedeutung achten ... Wir [sind befreit] von der fleischlichen Einhaltung des Sabbats, die auf die spirituelle Heiligung und Ruhe verwies.*[63]

Der Grund dafür ist, dass Christus erfüllt, was im Sabbatgebot schattenhaft angedeutet war. „Es ist der Herr, der uns das Geheimnis des Sabbats klar zeigen wird, der den Juden seinerzeit als Zeichen gegeben wurde. Doch die wahre Erfüllung dieses Geheimnisses sollte erst mit ihm kommen."[64]

In einer Textstelle, die auch Augustinus' falsches Verständnis des Judentums offenbart, heißt es darüber hinaus:

> *Jene [die Juden] nämlich meinten, da sie die Beobachtung des Sabbats fleischlich auffassten, dass Gott nach dem Werke der Welterschaffung bis auf diesen Tag gleichsam schlafe, und darum habe er jenen Tag geheiligt, an dem er gewissermaßen von seinen Arbeiten zu ruhen anfing. Es ist aber das Geheimnis des Sabbats unseren Altvätern vorgeschrieben worden, und wir Christen beobachten es in geistiger Weise, indem wir uns von aller knechtlichen Arbeit, d. h. von jeder Sünde […] enthalten und Ruhe haben in unseren Herzen, d. i. geistige Ruhe […] Allein es heißt deshalb, der Herr habe geruht, […] um uns daran zu erinnern, dass wir nach den guten Werken ruhen werden.*[65]

Auch hier fällt vor allem eines ins Auge: Es heißt nicht, dass Juden den Sabbat einhalten, Christen aber den Tag des Herrn. Es geht nicht darum, einen Tag durch den anderen zu ersetzen. Augustinus' Sicht der Dinge war vielmehr, dass der Sabbat Vorzeichen einer versprochenen Ordnung war und dass diese Ordnung nun zumindest teilweise angebrochen ist – in Christus. Der neue Sabbat, den diese Autoren meist mit spirituellem Frieden im Geiste gleichsetzen, ist nun nicht ein neuer Wochentag, sondern der neue Tag, der mit Christus heraufdämmert.

Was die körperliche Ruhe angeht, so findet sie kaum je Erwähnung. Wo es überhaupt um Ruhe geht, ist die Seelenruhe desjenigen gemeint, der in Christus ruht. Das Abstehen von körperlicher Arbeit wird meist sogar symbolisch interpretiert als das Abstandnehmen von der Sünde – wie bei Augustinus angesprochen.

Doch selbst im buchstäblichen Sinne verstanden, nämlich

als siebter Wochentag, geriet der Sabbat nicht vollkommen in Vergessenheit, wie allein die Tatsache zeigt, dass sowohl im Griechischen als auch in den romanischen Sprachen, die sich in der Westhälfte des einstigen Römischen Reiches entwickelten, der siebte Tag der Woche immer noch mit Begriffen bezeichnet wird, die sich aus seinem alten jüdischen Namen ableiten.

Kurz zusammengefasst

Da wir nun am Ende eines Abschnittes angekommen sind, wollen wir kurz innehalten, um uns noch einmal die wichtigsten Entwicklungen dieser Zeit zu vergegenwärtigen, damit wir ein klares Bild von den damals stattfindenden Entwicklungen erhalten. Der bedeutsamste Faktor, der diese Zeit prägt, ist ganz sicher der veränderte Status des Christentums, das vom verfolgten Glauben zur offiziellen Religion des Römischen Reiches aufsteigt. Alle weiteren hier angeführten Punkte gehen letztlich auf diese Entwicklung zurück.

Dazu gehört erstens die Tatsache, dass der Sonntag nun zum Ruhetag wird. Hier macht sich Konstantins Einfluss auf die Geschichte am deutlichsten bemerkbar. Zwar war es – im Gegensatz zur herrschenden Meinung – nicht Konstantin, der diesen Tag zum Tag christlicher Anbetung erhob, denn die Christen versammelten sich schon seit langer Zeit an diesem Tag zur Messe. Doch Konstantins Verfügung, dass dieser Tag ein Ruhetag sein sollte, erleichterte den Christen die Messfeier, da sie an jenem Tag von anderen Verpflichtungen frei waren. Dadurch wurde ein

Prozess beschleunigt, der schon früher einsetzte, nämlich die Verlegung der Zusammenkunft vom Abend des siebten Tages auf den Morgen des ersten Tages.

Obwohl die Gesetze, die Konstantin und seine Nachfolger im Hinblick auf den Sonntag erließen, den Sabbatgesetzen ähnelten, führte dies doch nicht zu der Vorstellung, dass das Vierte Gebot nun durch die Heiligung des Sonntags erfüllt werden sollte. Für die meisten Christen behielt der Sabbat seine Bedeutung. Viele von ihnen trafen sich immer noch am Samstagabend, an dem nach jüdischer Zeitrechnung der erste Tag der Woche begann, auch wenn nach römischer Zeitrechnung dies immer noch der siebte Tag war.

Der arbeitsfreie Sonntag führte dazu, dass die Messe selbst immer ausgefeilter wurde. Es wurden neue, prachtvolle Kulträume errichtet und Gewänder ersonnen, die klar Amt und Rang jedes Messteilnehmers signalisierten. Selbst Chöre entstanden zu dieser Zeit, weil die musikalische Begleitung des Gottesdienstes bald so anspruchsvoll ausfiel, dass der gewöhnliche Gläubige damit überfordert war.

Teil 3
DAS MITTELALTER

Augustinus schrieb die am Ende von Kapitel 9 zitierten Worte vermutlich um das Jahr 415. Etwa um diese Zeit erhielt er Besuch von seinem Schüler Paulus Orosius, der mit ihm an einem Teil seines Buches zum *Gottesstaat* arbeitete. Bald darauf kehrte Orosius in sein geliebtes Heimatland Spanien zurück, nach Braga, das heute zu Portugal gehört. Und das er wie das restliche Westeuropa von Barbaren überrannt vorfand. Und so verfasste er ein Werk in sieben Bänden, dem er den Titel gab: *Geschichte gegen die Heiden (Historiarium adversum paganos)*. Er beschloss es – zusammen mit seinem Leben, denn er starb bald darauf – mit folgenden bewegenden Worten:

> *Und wenn der einzige Grund, dass die Barbaren über die Grenzen des römischen Reiches gesandt worden sind, der sein sollte, dass die Kirchen Christi im Osten wie im Westen voller Hunnen und Sueben, voller Wandalen und Burgunder, voll der verschiedensten und zahlreichen Völkerschaften seien, dann ist die Gnade Gottes zu rühmen und zu preisen, denn dass so viele Völker in Kenntnis der Wahrheit gelangt sind, hätte nie geschehen können ohne diese Ereignisse, selbst wenn sie für uns einen bitteren Verlust darstellen.*[66]

Der stürmische Wandel, dessen Zeuge Orosius wurde, fegte über ganz Europa hinweg und erreichte schließlich auch Nordafrika, wo 15 Jahre nach Orosius Besuch Augustinus auf dem Sterbebett lag, als die Wandalen vor den Toren seiner Stadt Hippo standen, die sie in Kürze einnehmen würden.

Orosius' Worte nach seiner Rückkehr nach Spanien sind

deshalb so aufschlussreich, weil sie zusammenfassen, was zu jener Zeit geschah: 1) Das römische Kaiserreich wurde besetzt von Völkern, die außerhalb seiner Grenzen gelebt hatten. 2) Die Invasoren brachten viel Leid und Zerstörung. 3) Die Kirche musste Wege finden, die neuen Mitbewohner unter ihren Mantel zu bringen, was zu einer kurzfristigen Wiederbelebung des Katechumenates führte. 4) Aus diesem Prozess würde früher oder später eine neue Kirche hervorgehen und das, was wir heute die westliche Zivilisation nennen.

Dabei schildert uns Orosius keineswegs ferne Begebenheiten. Er war schließlich im Jahr 375 in Braga zur Welt gekommen, in der damaligen römischen Provinz Gallaecia. Zu jener Zeit war Braga eine der größten Städte in Hispanien und gleichzeitig das Zentrum des dortigen kirchlichen Lebens. Im Jahr 410, zur selben Zeit also, als die Westgoten Rom plünderten, wurde Braga von den Sueben eingenommen, die es zur Hauptstadt ihres Königreiches machten. 470, ein halbes Jahrhundert nach Orosius' Tod, wurde Braga von den Westgoten eingenommen, die den Großteil der ehemaligen Provinz Hispanien unter ihre Herrschaft brachten. Da sowohl die Sueben als auch die Westgoten Arianer waren (Christen, die nicht an das göttliche Wesen Jesu Christi glaubten), stellte dies für die Kirche vor Ort eine neue Herausforderung dar.

Obwohl es den einstigen Bewohnern durchaus so erscheinen mochte, waren die germanischen Invasoren doch nicht gekommen, um die römische Zivilisation zu zerstören. Sie waren gekommen, um zu erobern und zu herrschen, aber auch um zu lernen und sich an die von ihnen bewunderte Zivilisation anzupassen. Dafür gibt es vielerlei Belege. So gab zum Beispiel Alarich, König der Westgoten, die Rom erobert hatten, 506 eine umfangreiche Sammlung römischer Rechtsgrundsätze heraus, die man als *Lex Romana Visigothorum* (Römisches Gesetzbuch der Westgoten) bezeichnete. Sie sollten vor allem für die Einwohner der alten römischen Provinzen gelten, denn die Westgoten lebten nach wie vor nach ihrem eigenen Kodex. Und König Rekkared legte 589 den arianischen Glauben seiner westgotischen Vorfahren ab und erklärte sich zum Katholiken – was die benachbarten Sueben übrigens ebenfalls taten.

Diese Entwicklungen und andere, die in den von den Germanen beherrschten Regionen abliefen, veränderten die Kirche auf mannigfaltige Weise. So zum Beispiel hatte man das Katechumenat mehr oder weniger aussterben lassen, weil ja jeder plötzlich Christ zu sein schien. Doch nun schien es angebracht, es wiederzubeleben. Dies versuchte zum Beispiel Ildefons, Bischof von Toledo, durch seinen Traktat *De cognitione baptismi*, den er etwa 70 Jahre vor Rekkareds Übertritt zum Katholizismus verfasste. Darin schlägt er eine katechetische Prozedur vor, die der in vorkonstantinischer Zeit sehr ähnlich war.

Nun ist der Wandel, der sich zu jener Zeit zutrug, zu umfassend, um ihn hier auch nur summarisch abhandeln zu können. Man könnte vielleicht in aller Kürze sagen, dass die westliche Zivilisation aus dem Aufeinanderprallen der griechisch-römischen und der germanischen Kultur entstand. Doch natürlich wirken sich dieses neue Umfeld, die vollkommen veränderte gesellschaftliche Wirklichkeit auch auf den Sonntag aus.

10
Die neue Sonntagsfrömmigkeit: Von der Eucharistie zur Beerdigung

Die Kommunion als Erneuerung des Opfers Christi

Doch das Christentum im Lateinisch sprechenden Westen hatte schon Jahrhunderte vor der germanischen Invasion ein ganz eigenes Gepräge entwickelt. Sehr vereinfacht ausgedrückt könnte man sagen: Während sich im Osten die Christenheit an der Philosophie orientierte, stark beeinflusst von den Gegebenheiten im geistigen Zentrum Alexandria, nahm die westliche Kirche den Sieg Christi über die Mächte des Bösen in den Blick. Dieser Sieg erfüllte sich vollends in dessen Auferstehung von den Toten und in seiner Wiederkunft in Herrlichkeit. Dieser Sieg wurde mit der Kommunion gefeiert, gewöhnlich mindestens an jedem Sonntag. Der höchste Festtag der Auferstehung aber war die jährliche Gedächtnisfeier, die an jenem Tag stattfand, den wir heute Ostersonntag nennen.[67]

Die Frömmigkeit und Theologie, die sich im Westen entwickelte, war stark beeinflusst vom altrömischen Fokus auf Recht und Gesetz. Hier sah man Gott in erster Linie als Gesetzgeber und Richter. Die Sünde war eine Schuld Gott gegenüber, weil man das Gesetz gebrochen hatte. Christus war das Sühneopfer, das diese Sünden auslöschte. Und die Erlösung war das Ergebnis dieses Löschens des

Sündenregisters, was entweder durch das Opfer Christi oder durch eigene Verdienste geschehen konnte – meist aber eine Kombination aus beidem darstellte. Deshalb begann man im Westen schon sehr früh, sich um die Sünden Gedanken zu machen, die nach der Taufe begangen werden. Wenn die Taufe alle alten Sünden auslöscht, was passiert dann mit den Sünden, die man danach begeht? Die Antwort der Kirche war ein ganzes System von Bußhandlungen, das in den folgenden Jahrhunderten zu Praktiken wie dem Ablasshandel führen sollte.

Doch auch diese Entwicklungen sprengen bei Weitem den Rahmen dieses Buches, das sich daher auf die Frage beschränken muss, wie sie die christliche Sicht und Feier des Sonntags beeinflussten. Der wichtigste Punkt hier ist wohl die gewandelte Auffassung der Kommunion. Wurde sie in der Frühzeit als Gedenkfeier des christlichen Sieges gesehen, so nahm sie bald eine düsterere Bedeutung an und wurde zur Wiederholung des christlichen Sühneopfers.

Dass die Kommunion mit der Vorstellung einer Opferhandlung verbunden wird, ist allerdings kein neues Phänomen. So heißt es schon in der *Didache*, und damit im 1. nachchristlichen Jahrhundert, dass die Gläubigen vor dem Brechen des Brotes ihre Sünden bekennen mögen, „damit euer Opfer rein sei".[68] Ähnliche Hinweise finden sich bei anderen vorkonstantinischen Autoren wie Ignatius, Justinus und Cyprian. Doch dabei ist eines zu bedenken: In der frühen Kirche war „Opfer" alles, was man Gott gab, also auch Gebete, die man häufig als „unser Opfer" bezeichnete. In keinem dieser Texte ist Jesus das Sühneopfer der Eucharistie. Allerdings gibt es auch frühe Belegstellen, die ihn als das „Lamm, das hingeschlachtet wurde", bezeichnen und damit auf den Opfercharakter seiner Handlung verweisen. Trotzdem herrscht zu jener Zeit noch das Gefühl der Sieghaftigkeit Christi vor. In der *Offenbarung des Johannes*, die vermutlich während der Kommunion verlesen wurde, heißt es:

> *Würdig ist das Lamm, das geschlachtet wurde,*
> *Macht zu empfangen, Reichtum und Weisheit,*
> *Kraft und Ehre, Herrlichkeit und Lob. …*
> *Ihm, der auf dem Thron sitzt, und dem Lamm*
> *gebühren Lob und Ehre und Herrlichkeit und Kraft*
> *in alle Ewigkeit.* (Offb 5,12–13)

Die Beschäftigung mit der frühesten Bedeutung des ersten Tages der Woche – des Tages der Auferstehung Jesu, des ersten Tages der Schöpfung, des ewigen achten Tages der Freude – zeigt eindeutig, dass in der frühen Kirche bei der Kommunion eine Atmosphäre der Freude und Dankbarkeit vorherrschte. Doch inmitten der neuen Zeit der Völkerwanderung, in der Gewalt und Tod den Alltag bestimmten, nahm die Kommunion eine neue Bedeutung an, die vielleicht auch von den religiösen Traditionen der germanischen Invasoren beeinflusst war, bei denen das Blutopfer immer noch üblich war. Nun rückte das Opfer Christi in den Vordergrund und die Kommunion wurde zur blutlosen Wiederholung eben dieses Opfers, dem man mit nüchterner Ernsthaftigkeit und einem tiefen Gefühl der eigenen Sündhaftigkeit zu begegnen hatte.

Natürlich können wir hier nicht die Gesamtheit dieser Entwicklung nachzeichnen, doch soll uns ein recht ausführliches Zitat aus den Dialogen Gregors des Großen (Papst von

590 bis 604) dazu dienen, diese neue Stimmung zu charakterisieren. Die Textpassage zeigt auch, dass zu Gregors Zeit die Idee vom Fegefeuer bereits fest etabliert ist. Dasselbe gilt für den Brauch, für die Toten Messen lesen zu lassen.

> *Man muss jedoch bedenken, dass es sicherer ist, das Gute, das einer nach seinem Tode von anderen erhofft, bei Lebzeiten selbst zu tun* [die Messe für einen zu lesen]. *Denn seliger ist es, frei zu bleiben als in Gefangenschaft die Freiheit* [vom Fegefeuer] *zu suchen. Wir müssen also die Welt, die wir ja schon dem Ende nahe sehen, von ganzem Herzen verachten und Gott täglich das Opfer der Tränen und das Opfer seines Fleisches und Blutes* [die Kommunion] *darbringen. Denn gerade dieses Opfer rettet uns in besonderer Weise vom ewigen Untergang, da es uns den Tod des Eingeborenen in geheimnisvoller Weise erneuert; denn wenn er auch auferstanden ist und nicht mehr stirbt und der Tod keine Gewalt mehr über ihn hat, so wird er doch in seinem unsterblichen und unverweslichen Leben in dem Geheimnis des heiligen Opfers aufs Neue für uns dargebracht, wird sein Leib darin genossen, sein Fleisch zum Heile des Volkes ausgeteilt, sein Blut vergossen, nicht mehr in die Hände der Ungläubigen, sondern in den Mund der Gläubigen. Bedenken wir darum, was dieses Opfer für uns für eine Bedeutung hat, da es um unserer Erlösung willen das Leiden des eingeborenen Sohnes immerdar nachbildet!*
>
> ...
>
> *Es ist aber notwendig, dass wir während dieser heiligen Handlung uns selbst Gott schlachten in Zerknirschung des Herzens; denn wenn wir das Geheimnis des Leidens*

des Herrn feiern, müssen wir nachahmen, was wir begehen. Dann wird das heilige Opfer, das wir Gott darbringen, wirklich zum Opfer für uns, wenn wir uns selbst zu einem Opfer machen. Wir müssen uns ferner bestreben, auch nach den Gebetszeiten, soweit wir es mit Gottes Hilfe vermögen, die Seele in ihrem Ernst und in ihrer Kraft zu erhalten, damit nicht nachher flüchtige Gedanken sie zerstreuen oder eitle Freude ins Herz sich einschleiche und so die Seele durch sorglose und flüchtige Gedanken den Segen der Zerknirschung verliere.[69]

Das ehrfurchtgebietende Wunder der Eucharistie

Das Gefühl der Ehrfurcht, das sich bei den Gläubigen einstellte, die dem Opfer Christi beiwohnen durften, wurde noch verstärkt durch eine Fortentwicklung im Verständnis der Kommunion. Die Christen hatten von Anfang an das Gefühl, dass etwas ganz Besonderes geschah, wenn sie dieses Mahl miteinander teilten, denn in diesem Augenblick wurde Christus selbst Teil der Gemeinde. Das hatte mit Brot und Wein zu tun, die Mittelpunkt der Zeremonie waren. Aber in der Urkirche versuchte niemand zu erklären, was genau dabei vorging, in welcher Weise Christus präsent war, wenn die Gläubigen miteinander das Brot brachen. In vielen frühen Texten, zum Beispiel im ersten Korintherbrief (1 Kor 12), war auch nicht die Rede von Brot und Wein, sondern von der Gemeinschaft der Gläubigen, die zusammen den Leib Jesu darstellten.

Sobald aber die Gemeinschaft der Gläubigen nicht nur aus einigen wenigen Getauften bestand, sondern mehr oder weniger die ganze Gemeinde umfasste, verlagerte sich der Fokus auf Brot und Wein. Die Menschen kamen nicht länger zusammen, um Brot und Wein miteinander zu teilen, sondern um Zeugen des Wunders zu werden, das sich vor ihren Augen abspielte und dessen Segen sie empfangen wollten. Das ging soweit, dass man die Kommunion nicht einmal mehr empfangen haben musste. Um des Segens teilhaftig zu werden, genügte schon die Anwesenheit.

Vor diesem Hintergrund verortete man das stattfindende Wunder immer mehr in Brot und Wein, die zum Leib und Blut Jesu wurden. Dieser Prozess zog sich über mehrere Jahrhunderte. Auch hier können wir ihn nicht in seiner Gänze nachzeichnen, sondern müssen uns darauf beschränken, seine Bedeutung für den Sonntag hervorzuheben.

Wie es in solchen Fällen üblich ist, nahm die Volksfrömmigkeit vorweg, was die Theologie erst sehr viel später nachvollziehen sollte. Tatsächlich war Letztere nur ein differenzierter Ausdruck dessen, was die Menschen seit Langem glaubten und lebten. Was wir heute als Lehre von der Transsubstantiation kennen, wurde erst 1215 zum kirchlichen Dogma erhoben. Damals erklärte das Vierte Laterankonzil: „Jesus Christus, dessen Leib und Blut im Sakrament des Altars unter den Gestalten [*sub specibus*] von Brot und Wein wahrhaft enthalten sind, wenn durch göttliche Macht das Brot in den Leib und der Wein in das Blut wesenhaft verwandelt sind.“[70]

Doch der allgemeine Konsens ging schon lange davor in diese Richtung. Und aus dem 9. Jahrhundert ist uns die Lehrmeinung eines Theologen überliefert, der zwar nicht den Begriff „Transsubstantiation“ verwendet, letztlich aber vom selben spricht. Folgender Text stammt aus der Feder von Haimo, Bischof von Halberstadt:

> *Wenn im Geiste der Gläubigen ein Zweifel daran herrschen sollte, dass Brot und Wein, die während der Messe auf dem Altar liegen, zu Leib und Blut Christi werden durch das priesterliche Mysterium und die Gnade, dann ist dies blanke Bosheit, denn Gott zeigt uns darin sowohl seine göttliche Gnade als auch seine geheime Macht. Wir glauben also fest und bezeugen diesen unseren Glauben, dass die Substanz von Brot und Wein substanziell verwandelt wird in eine andere Substanz, also in Fleisch und Blut durch das Wirken der göttlichen Macht, wie bereits gesagt. Denn für die Allmacht der göttlichen Vernunft ist es nicht unmöglich, etwas Geschaffenes nach ihrem Willen in etwas anderes zu verwandeln, wie es für die göttliche Vernunft ja auch nicht unmöglich war, dieses Geschaffene aus dem Nichts zu schaffen, aus der Nicht-Existenz, ganz nach ihrem Willen. Wenn sie etwas aus nichts machen kann, dann ist es keineswegs unmöglich für sie, etwas aus etwas zu machen. Daher verwandelt der unsichtbare Priester durch seine geheime Macht seine sichtbaren Geschöpfe in die Substanz seines Fleisches und Blutes. Doch obwohl die Natur der Substanzen vollkommen verwandelt wurde in Leib und Blut Christi, so behalten Leib und Blut wunderbarerweise den Geschmack und das Aussehen von Brot und Wein.*[71]

Nach dieser Zeit wurde jede andere Meinung kirchlicherseits als suspekt betrachtet, ja häufig sogar unterdrückt, und zwar noch vor dem Vierten Laterankonzil. So zwang Gregor VII. Berengar von Tours im Jahr 1079, seine Überzeugungen zu widerrufen und stattdessen zu erklären:

Ich, Berengar, ... bekenne mit Mund und Herz, dass ich in Bezug auf das Sakrament des Herrenmahles jenen Glauben festhalte, den der Herr ... überliefert und mir bestätigt hat: dass nämlich das Brot und der Wein, die auf den Altar gelegt werden, nach der Konsekration nicht nur ein Sakrament, sondern auch der wahre Leib und das wahre Blut unseres Herrn Jesus Christus sind ... Dies beschwöre ich bei der heiligen und wesensgleichen Dreifaltigkeit und bei diesen hochheiligen Evangelien Christi.[72]

Solche Bekenntnisse waren das Endergebnis zahlloser Generationen von Gläubigen, die tatsächlich glaubten, dass Brot und Wein buchstäblich zum Leib und Blut Christi wurden. Und was die Gläubigen überzeugte, waren keine spitzfindigen theologischen Argumente, sondern die Erfahrung, Teil eines Dramas zu sein, das nirgendwo seinesgleichen hatte. Und natürlich die vielen Legenden und Sagen über die Wunder der Eucharistie. Viele dieser Geschichte folgen einer inneren Grammatik, in der ein vormals Ungläubiger – häufig ein Jude – vom Anblick einer blutenden Hostie zum Glauben bekehrt wird. Die bekannteste dieser Geschichten stammt aus dem frühen Mittelalter. Protagonist ist ein Mönch der Ostkirche, der in Lanciano, in den italienischen Abruzzen weilte. Dieser Mönch hat so seine Zweifel, was die im Westen noch neue Gewohnheit angeht, ungesäuertes Brot zur Kommunion zu verwenden, während in der

Ostkirche noch normales, gesäuertes Brot gebrochen wurde. Seiner Ansicht nach war die Kommunion mit solch einem Brot nicht gültig, daher beobachtete er alles besonders genau. Dass er sich getäuscht hatte, merkte er daran, dass die Hostie sich tatsächlich in Fleisch verwandelte, der Wein in Blut.

Solche Wunder wurden häufig als Beleg angeführt, um zu beweisen, dass Brot und Wein tatsächlich verwandelt wurden, aber auch, um die Wirksamkeit des Messopfers für die Erlösung zu unterstreichen. Die berühmteste Geschichte aber hat uns Papst Gregor der Große hinterlassen. Als er sie erzählt, ist er noch Abt eines Klosters in Rom, in dem ein Mönch namens Justus das Armutsgebot verletzt hat. Aus diesem Grunde exkommunizierte ihn Gregor. Als Justus starb, durfte er nicht in geweihter Erde bestattet werden. Dann aber überkam Gregor das Mitleid, und er ließ dreißig Messen für die Seele des Verstorbenen lesen. Am Ende der Messen erschien Justus einem Mitbruder und erklärte, er sei nun glücklich, weil er aus dem Fegefeuer befreit worden sei.[73] Diese Geschichte erzählt uns Gregor selbst. Eine andere über ihn stammt aus der Feder seines Biografen, Paulus Diaconus. Er berichtet, dass Gregor, während er die Kommunion austeilte, bemerkte, wie eine der Frauen, die das Brot gebacken hatte, lachte und lästerte, weil sie nicht glauben konnte, dass das Brot, das sie in der Frühe zubereitet hatte, nun plötzlich der Leib Christi sein sollte. Daraufhin erteilte Gregor ihr die Kommunion nicht, betete aber innerlich, dass sie überzeugt werden möge. An diesem Punkt verwandelte sich das von ihr gebackene Brot buchstäblich in blutendes Fleisch und die Frau sah – verständlicherweise – ihren Irrtum ein und tat Buße.

Die Angst vor der Kommunion beschwichtigen

Diese beiden Entwicklungen im Verständnis der Kommunion – dass diese nämlich die unblutige Wiederholung des Christusopfers sei und dass Brot und Wein darin buchstäblich zu Leib und Blut Christi würden – veränderten die Stimmung der sonntäglichen Zusammenkünfte ganz erheblich. Was bis dato ein Freudenfest gewesen war, mit dem man den Sieg Christi – und aller, die an ihn glaubten – über die Mächte des Bösen feierte, wurde nun zu einer furchterregenden Erfahrung. Die Menschen wagten nicht mehr, Brot und Wein zu berühren, weil sie kein Unglück über sich bringen wollten, indem sie beides entweihten.

Das führte zum einen dazu, dass die Form des Brotes sich änderte, zum anderen, dass man anders damit umging als früher. So hatte es in alter Zeit keinerlei Diskussion darüber gegeben, welche Art von Brot für die Kommunion benutzt wurde. Der älteste Text (von den Evangelien selbst einmal abgesehen), der angeführt wird, um die Verwendung von ungesäuertem Brot infrage zu stellen, stammt aus dem 2. Jahrhundert. Justinus der Märtyrer spricht darin von „gemeinem Brot“ und „gemeinem Trank“.[74] Doch da wir nicht sicher wissen, was „gemeines Brot“ zu Justinus Zeiten war, beweist dieser Text nicht viel.

Die Wahrheit scheint zu sein, dass seit unvordenklichen Zeiten die eine Kirche gesäuertes Brot verwendete, die andere nicht. Bis zum 11. Jahrhundert war dies auch kein Problem. Dann aber führte die immer größere Kluft zwischen der West- und der Ostkirche 1054 zum offenen Schisma, das uns bis heute erhalten blieb. Das Schisma wurzelte zwar überwiegend in der komplexen politischen

Gemengelage jener Zeit, wurde aber von beiden Seiten sofort mit theologischen Begründungen zu untermauern gesucht. Einer dieser theologischen Unterschiede war, dass der Westen ungesäuertes Brot für die Eucharistie verwendete, der Osten gesäuertes.

Wann die westliche, Lateinisch sprechende Kirche ausschließlich ungesäuertes Brot zu verwenden begann, das schließlich zur Hostie wurde, wissen wir nicht. Die ersten unbestreitbaren Belege für die Verwendung ungesäuerten Brotes finden sich in den Schriften von Beda Venerabilis aus dem frühen 8. Jahrhundert.[75] Im folgenden Jahrhundert jedenfalls, als die Karolingische Renaissance anbrach, war diese Praxis anscheinend schon etabliert.[76]

Obwohl die westliche Theologie nach dem Schisma von 1054 nach theologischen, biblischen und patristischen Belegen für den Gebrauch ungesäuerten Brotes suchte, scheint es, als ginge dessen Verwendung – die in manchen Gemeinden durchaus alten Traditionen entstammte – zumindest teilweise auf eben diese neue Sicht des Brotes zurück. Ein gewöhnlicher Brotlaib war krümelig, daher war es kaum zu verhindern, dass von dem geweihten Brot Krümel auf die Erde fielen und entweiht wurden. Diese Gewissenslast wollte man unbedingt vermeiden. Und so verwendete man immer häufiger ein „Brot", das eben nicht krümelte: die Hostie, letztlich eine Oblate. Eine gesegnete Oblate war heilig und verehrungswürdig. Um dies zu zeigen, hob man die Hostie im Moment der Wandlung empor, ein Brauch, der zwar erst im 12. Jahrhundert in Frankreich aufkam, sich aber schnell in der gesamten westlichen Kirche verbreitete.

Doch auch eine Hostie konnte zerbrechen und ihre Krümel auf die Erde fallen. Lotario de Conti di Segne machte als

Papst Innozenz III. – als mächtigster Papst der Geschichte – im Vierten Laterankonzil 1215 die Transsubstantiation zur offiziellen Lehre der Kirche. Kurz bevor er zum Papst gewählt wurde, beschäftigte er sich mit der Frage, was wohl geschähe, wenn ein Stück Hostie zu Boden fiele und eine Maus es fräße. Wer die überwältigende Gegenwart Christi in der Hostie nicht akzeptiert, der mag dies für eitle Spekulation halten, ja vielleicht sogar für lächerlich. Für Innozenz' Zeitgenossen war es das nicht. Ursprünglich hatte die Frage der scholastische Gelehrte Petrus Lombardus aufgeworfen. Dieser meinte, ein Tier würde den Leib Christi eben nicht fressen, doch er konnte für seine Ansicht keine hieb- und stichfeste Begründung liefern. Innozenz und die frühen Franziskanertheologen aber gingen davon aus, dass in diesem Fall die Hostie aufhörte, der Leib Christi zu sein. Der Heilige Thomas von Aquin fand eine Erklärung, die schließlich allgemein akzeptiert wurde: „Auch wenn eine Maus oder ein Hund eine geweihte Hostie verzehrt, hört die Substanz des Leibes Christi nicht auf, unter den Gestalten zu sein, solange jene Gestalten bleiben, d. h. solange auch die Substanz des Brotes bliebe; ebenso, wenn sie in den Schmutz geworden würde. Auch schlägt dies nicht zum Nachteil der Würde Christi aus, der von den Sündern gekreuzigt werden wollte ohne eine Minderung seiner Würde."[77]

Die Heiligkeit der Hostie wirkte sich nicht nur auf die (abnehmende) Häufigkeit aus, mit der man die Kommunion zu sich nahm, sondern auch auf die Art, wie sie aufgenommen werden sollte. Kyrill von Jerusalem schrieb in seinen *Mystagogischen Katechesen*, wer die Kommunion empfange, solle die rechte Hand in die linke legen wie einen Thron für einen König. Und er solle keinen Krümel der Hostie verlieren, denn der Verlust sei schlimmer, als habe man Goldkörner empfangen und ließe diese fallen.[78] Je mehr Verehrung man dem Brot als Leib Christi zollte, desto häufiger ging man dazu über, die Hostie direkt auf die Zunge des Kommunikanten zu legen. Obwohl dies anfangs hauptsächlich dazu diente, dass keine Krümel zu Boden fielen, maß man dem Vorgang bald auch eine theologische Bedeutung bei: Kein Laiengläubiger sei würdig, die konsekrierte Hostie zu berühren. Thomas von Aquin schrieb dazu im 13. Jahrhundert:

> *Dem Priester steht die Ausspendung des Leibes Christi aus drei Gründen zu. Erstens, weil er in der Person Christi konsekriert. Christus aber hat so, wie Er Seinen Leib beim Abendmahle konsekrierte, ihn auch den anderen zum Empfang gegeben. Wie darum dem Priester die Konsekration des Leibes Christi zusteht, so auch die Ausspendung.*
>
> *Zweitens, weil der Priester als Mittler zwischen Gott und dem Volke aufgestellt ist. Wie es daher seines Amtes ist, Gott die Gaben des Volkes darzubringen, so ist es auch seines Amtes, die von Gott geheiligten Gaben dem Volke zu übergeben.*
>
> *Drittens, weil dieses Sakrament aus Ehrfurcht nur von geweihten Gegenständen berührt wird. Darum werden auch Hostienlinnen und Kelch geweiht, ebenso auch die Hände des Priesters, um dieses Sakrament zu berühren. Darum darf es kein anderer berühren, außer bei Notwendigkeit, z. B. wenn es auf die Erde fiele, oder in irgendeinem anderen Notfalle.*[79]

Etwa um dieselbe Zeit, im Jahr 1264, führte Papst Urban IV. den Feiertag Fronleichnam ein, das *Hochfest des Leibes und Blutes Christi*. Da dieses an einem Donnerstag gefeiert wird, berührt es unsere Thematik nur am Rande. Doch allein dass der Wandlung ein Feiertag gewidmet wurde, zeigt, mit welcher Frömmigkeit man der geweihten Hostie damals begegnete.

Ähnlich geschah es mit dem Wein, auch wenn sein neuer Status innerhalb der Eucharistiefeier sich nicht auf den Wein selbst auswirkte, sondern in erster Linie auf die Art, wie man ihn empfing beziehungsweise nicht empfing. Lange Zeit bestanden die Kelche für den Wein aus Materialien, die vor Ort zur Hand waren: Ton, Holz oder auch Metall. Aber schon bald nach Konstantin wurden die „heiligen Gefäße" großer Kirchen aus Gold und Silber hergestellt, obwohl dies nicht Pflicht war und von ärmeren Kirchen auch nicht erwartet wurde. Im Laufe der Zeit aber verwendete man ausschließlich Kelche aus Metall, möglichst aus Gold oder Silber. Einerseits wollte man damit natürlich dem, was in diesem Gefäß geschah – der Wandlung nämlich – Respekt zollen. Andererseits legte die christliche Kirche auch immer mehr Gepränge an den Tag. Letztlich aber gab es für die Verwendung von Metall auch noch einen anderen Grund: Der Wein im Kelche galt schließlich als das Blut Christi und sollte daher bis auf den letzten Tropfen getrunken werden. In Kelchen aus Holz oder Ton aber verblieb immer ein Rest, der in das Material eindrang.

An der neuen Praxis aber wurde immer öfter auch Kritik laut. Bonifatius, der Apostel der Germanen, meinte beispielsweise dazu: „In früherer Zeit feierten goldene Priester mit hölzernen Kelchen die Messe, heute zelebrieren sie hölzerne Priester mit goldenen Kelchen."[80] Und doch wurde es bald allgemein üblich, dass der Kelch der Eucharistie aus Gold oder Silber bestand, weil diese das geheiligte Blut nicht aufsaugten.

Aus ähnlichen Gründen, aus denen man dazu überging, die Hostie direkt auf die Zungen der Gläubigen zu legen, wurde es immer mehr Usus, den Kommunikanten nur die Hostie, nicht aber den Kelch zu reichen. Zu leicht wurde der geheiligte Wein verschüttet, zu leicht blieb ein Tropfen im Bart eines Kommunikanten hängen. Obwohl Historiker in diesem Zusammenhang immer wieder davon gesprochen haben, dass der Kelch den Laien „vorenthalten" wurde, scheint es doch eher der Fall gewesen zu sein, dass die Laiengläubigen den Kelch in dieser Anfangsphase zurückwiesen. Dies scheint schon im 5. Jahrhundert immer wieder geschehen sein. Zumindest äußert sich Papst Gelasius I. kritisch zu diesem Punkt: „Uns ist zur Kenntnis gelangt, dass manche Gläubigen nur den geheiligten Leib Christi zu sich nehmen und den Kelch vorübergehen lassen. Obwohl ich die Natur dieses Aberglaubens nicht kenne, so müssen die Gläubigen doch entweder das Sakrament als Ganzes nehmen oder gar nicht."[81]

Die Kommunion, bei der allein das „Brot" genommen wird, war lange Zeit nur unter besonderen Umständen erlaubt. Wer zum Beispiel aus Krankheitsgründen am Abendmahl nicht teilnehmen konnte, dem wurde das „Brot" gebracht. Wer jedoch an der Messe teilnahm, der hatte Brot und Wein zu nehmen. Im 13. Jahrhundert war diese Frage immer noch nicht geklärt. Thomas von Aquin jedenfalls sprach sich für die Kommunion mit beidem aus, Brot und Wein. Doch er ließ auch Ausnahmen zu:

In Bezug auf den Gebrauch dieses Sakramentes kann man zweierlei betrachten: Das eine vom Sakrament selbst her, das andere von den Empfangenden her. Vom Sakrament selber aus gesehen, ist es angemessen, dass beides, nämlich der Leib und das Blut, empfangen werde, weil in beiden die Vollständigkeit des Sakramentes besteht. Und darum darf der Priester, weil es seines Amtes ist, dieses Sakrament zu weihen und zu vollziehen, auf keine Weise den Leib Christi ohne das Blut empfangen. Auf seiten der Empfänger aber ist die höchste Ehrfurcht und Vorsicht erforderlich, dass nicht etwas vorkomme, was zu einer Beleidigung gegen ein so großes Geheimnis werde. Das könnte vorkommen hauptsächlich beim Empfange des Blutes, das, wenn es unvorsichtig empfangen würde, leicht verschüttet werden könnte. Und weil die Menge des christlichen Volkes angewachsen ist, unter der auch Greise und Jünglinge und Kinder sind, von denen einige nicht so viel Unterscheidungsvermögen haben, dass sie die nötige Vorsicht in Bezug auf den Gebrauch dieses Sakramentes anwendeten, deshalb wird vorsorglich in manchen Kirchen [der Brauch] beobachtet, dass das Blut dem Volk nicht zum Empfange gereicht, sondern nur vom Priester empfangen wird.[32]

Doch in diesem Punkt sollte Thomas sich nicht durchsetzen. Einige Jahre nach seinem Tod wurde Thomas Peckham, der sich mit Thomas seit jeher heftige Debatten geliefert hatte, zum Erzbischof von Canterbury und zum Primas der englischen Kirche. Er führte den Vorsitz beim Konzil von Lambeth, das 1281 anordnete, Laiengläubige sollten nur unkonsekrierten Wein bekommen. Der konsekrierte Wein blieb von nun an einzig den Priestern vorbehalten.[83] Andere Theologen und Konzile äußerten sich ähnlich, sodass es bereits im 14. Jahrhundert in der Westkirche übliche Praxis war, den Laiengläubigen den Kelch nicht zu reichen. Die Ostkirche hingegen verabreichte ihren Gläubigen stets die Kommunion in Brot und Wein.

Im 15. Jahrhundert hatte sich diese Praxis im Westen so weit durchgesetzt, dass man Jan Hus vor dem Konzil von Konstanz unter anderem wegen der häretischen Ansicht verurteilte, auch Laiengläubige sollten nicht nur die Hostie, sondern auch den Kelch gereicht bekommen. Nach seinem Tod kämpften seine Anhänger in Böhmen mit den gegen sie ausgesandten Kreuzzüglern auch um das Recht, den Kelch gereicht zu bekommen. Sie wurden deshalb „Utraquisten" genannt – abgeleitet vom lateinischen Ausdruck *communio sub utraque specie* (Kommunion in beiderlei Gestalt) – oder auch „Kalixtiner" – vom Lateinischen für *calix*, der Kelch.

Von der Teilhabe zur bloßen Anwesenheit

Das Resultat all dieser Veränderungen war der Verlust einer „Direktheit", die Gregory Dix für die frühe Kirche als charakteristisch ansah. Die Eucharistiefeier – das Abendmahl, der zentrale Akt christlicher Anbetung – wurde zum mystischen Spektakel, an dem längst nicht mehr alle teilhatten. Nur wenige bekamen Brot und Wein gereicht. Der Rest sollte Gott näherkommen, indem er einfach nur anwesend war.

Im Jahr 506, am Ausgang der Antike also, beschloss die bereits erwähnte Synode von Agde, dass alle Christen zur Messe gehen sollten. Die Kommunion, so hieß es, sollten sie mindestens drei Mal im Jahr nehmen – zu Ostern, Pfingsten und an Weihnachten. Dies zeigt deutlich, dass die sonntägliche Messe nun nicht mehr länger die Zusammenkunft einer Glaubensgemeinschaft war, die miteinander Brot und Wein teilte. Es ging nur noch um den Besuch der Messe.

Sieben Jahrhunderte später hatten sich die Dinge dahin entwickelt, dass das Vierte Laterankonzil beschloss, jeder Gläubige, der das entsprechende Alter erreicht habe, habe die Pflicht, mindestens einmal im Jahr, zu Ostern nämlich, zur Kommunion zu gehen. „Jeder Gläubige beiderlei Geschlechts soll, nachdem er in die Jahre der Unterscheidung gelangt ist, wenigstens einmal im Jahr alle seine Sünden allein dem eigenen Priester getreu beichten, die ihm auferlegte Buße nach Kräften zu erfüllen suchen und zumindest an Ostern ehrfürchtig das Sakrament der Eucharistie empfangen, sofern er nicht etwa auf Anraten des eigenen Priesters aus irgendeinem vernünftigen Grunde meint, auf eine bestimmte Zeit von seinem Empfang absehen zu sollen: andernfalls soll er sowohl lebend am Betreten der Kirche gehindert werden als auch sterbend des christlichen Begräbnisses entbehren.“[84]

Was in alten Zeiten ein freudig genossenes Privileg war, war nun zur Verpflichtung geworden, deren Einhaltung man unter Androhung der Exkommunikation durchsetzen musste. Theoretisch – und gelegentlich auch praktisch – war der Sonntag ein Freudentag, mit dem man die Auferstehung Jesu Christi feierte. Daher werden die Sonntage auch bei den 40 Tagen der Fastenzeit nicht mitgerechnet. Doch wie man die Messe tatsächlich beging, erinnerte mehr an den Karfreitag als an eine Siegesfeier der Auferstehung.

Ein weiteres Ergebnis des mittelalterlichen Verständnisses

der Eucharistie als Wiederinszenierung des Opfers, bei dem Brot und Wein wichtiger waren als die Zusammenkunft der Gläubigen, war, dass immer öfter Messen für Privatzwecke gelesen wurden – im Interesse der Priester oder irgendwelcher Patronatsherren, welche für diese Messen bezahlten. Auch bei diesen Gelegenheiten stand nicht im Vordergrund, dass die Gemeinde sich zur Kommunion versammelte. Nicht einmal die Anwesenheit der Gläubigen war mehr erforderlich. Es genügte, dass ein Priester die Messe las.

11
Ein Tag zum Beten, ein Tag zum Spielen

Weitere Regelungen zum „Ruhetag“

Die Gesetzgebung der Spätantike, welche regelte, was am Tag des Herrn erlaubt und was verboten war, behielt bis ins Mittelalter ihre Gültigkeit in Form von Erlässen von Kaisern, Königen und kirchlichen Autoritäten. Im Osten, wo das Byzantinische Reich sich bis ins späte Mittelalter hielt, gab es eine schier endlose Reihe von kaiserlichen Dekreten zum Tag des Herrn. 469 erließen die Kaiser Leo I. und Anthemius eine Bestimmung, die sehr schön zusammenfasst, was später zum Sonntag noch im Einzelnen geregelt werden sollte.

Wir verfügen, dass der allerehrwürdigste Tag des Herrn auf folgende Weise geehrt wird: Gegen niemand darf Anklage erhoben werden. Niemand darf an diesem Tag einer Strafe unterworfen werden. An diesem Tag darf niemand Bürgschaften verlangen. Es sollen keine gerichtlichen Dokumente zugestellt werden. Bei Gericht sollen die Anwaltschaften ruhen. Dieser Tag soll frei sein von Verhandlungen. Die raue Stimme des Gerichtsschreiers soll stumm bleiben. Streitende Parteien sollen an diesem Tag Atem schöpfen von den Auseinandersetzungen.

> *Sie sollen an diesem Tag Waffenstillstand halten. Die Gegner sollen einander ohne Angst gegenübertreten dürfen. Jeder soll über seine eigenen Verfehlungen nachdenken. Nach Möglichkeit sollen sie zu Vergleichen kommen oder sonstige Abkommen aushandeln.*
>
> *Während man also all diese Aktivitäten an diesem religiösen Feiertag sein lässt, verbieten wir darüberhinaus, dass irgendjemand sich obszönen Vergnügungen hingibt. An diesem Tag sollen alle Theateraufführungen oder Wettkämpfe im Circus oder das tränenreiche Spektakel der Kämpfe mit wilden Tieren nicht stattfinden.*[85]

Diese Regelungen fanden 529 Eingang in den Codex Iustinianus und wurden damit zu römischem Recht, das nicht nur von den Herrschern Byzanz', sondern in aller Welt anerkannt wurde. Doch schon vor Iustinian erklärte Alarich II., zu jener Zeit mächtigster Herrscher im Westen, sein Römisches Gesetzbuch der Westgoten (*Lex Romana Visigothorum*) zu herrschendem Recht. Darin übernahm er in Bezug auf den Sonntag die Regelungen, die vorher kaiserliches Recht geprägt hatten. Auch diese sollten sich später in zahlreichen königlichen und kaiserlichen Erlassen Westeuropas widerspiegeln.

Zwei Dinge sind in dieser Zeit neu. Zum einen, dass die kirchliche Rechtsprechung Autorität neuerdings nicht nur über kirchliche Belange beanspruchte, sondern über die Bevölkerung im Allgemeinen. Zum anderen, dass es zwischen kirchlicher und staatlicher Rechtsprechung einen hohen Grad von Überschneidung und Übereinstimmung gab – zumindest in der Theorie. Gerade an den kirchlichen beziehungsweise gesetzlichen Regelungen zum Sonntag lässt sich dies sehr schön nachvollziehen.

Nehmen wir das Königreich der Franken als Beispiel. König Childerich I. verfügte im 5. Jahrhundert, dass am Sonntag keine Arbeit erlaubt war außer den notwendigen Tätigkeiten zum Zubereiten der Nahrung. 787 beschloss eine Synode unter Vorsitz von Bonifatius (demselben, der die goldenen Messkelche kritisierte), dass man, sollte man einen Bauern am Sonntag beim Pflügen erwischen, den rechten Ochsen seines Gespanns beschlagnahmen sollte. Offenkundig war der rechte Ochse der, der das Gespann anführte.[86] Im Jahr 827 wiederum bestätigte Ludwig der Fromme einen Erlass seines Vaters, Karls des Großen.

Dem Gesetz Gottes und unseres Vaters seligen Angedenkens folgend ordnen wir an, dass am Sonntag keine niedere Arbeit verrichtet werden soll. Niemand soll landwirtschaftlichen Tätigkeiten nachgehen, Weinranken aufbinden, Felder pflügen, Korn ernten, Heu einbringen, Hecken pflanzen oder Wälder umzäunen, Bäume schlagen, im Steinbruch arbeiten oder Häuser bauen. Niemand soll im Garten arbeiten, vor Gericht gehen, die Jagd pflegen. Nur drei Träger- und Botentätigkeiten dürfen an diesem Tag von Rechts wegen ausgeübt werden: Nachrichten für die Streitkräfte übermitteln, Lebensmittel transportieren oder – wenn es nötig sein sollte – den Leichnam eines Herrn zu Grabe tragen. Auf dieselbe Weise soll den Frauen nicht erlaubt sein, ihre textilen Arbeiten zu verrichten, keine Zuschneidearbeiten, keine Nadelarbeiten, keine Schafschur. Damit Ruhe herrsche am Tag des Herrn. Doch lasst sie alle zu-

sammenkommen zur Messe in der Kirche und Gott für all das Gute danken, das Er für uns an jenem Tage bewirkt hat![87]

Zwei Jahrhunderte vor Bonifatius und weiter im Westen, nämlich in Narbonne, das damals zum Westgotenreich gehörte, wurde 589 ein Dekret erlassen, in dem es heißt: „Kein Mann von Adel und kein Höriger, ob Gote, Römer, Syrer, Grieche oder Jude, darf am Tag des Herrn irgendwelche Arbeit verrichten. Die Ochsen dürfen nicht eingespannt werden, außer im Notfall für eine Reise. Untersteht sich jemand, dies zu tun, so bezahle der Adelige dem Schultheiss der Stadt hundert Soldi. Der Hörige erhalte einhundert Geißelhiebe."[88]

Sehr viel später und sehr viel weiter im Osten erließ eine von König Ladislaus von Ungarn einberufene Synode 1092 folgende Anordnung:

Wenn ein Laienchrist am Sonntag oder einem anderen Feiertag auf die Jagd geht, soll er dafür ein Pferd oder einen Ochsen hergeben. Ist es ein Kirchenmann, der jagt, soll er seines Amtes enthoben werden, bis er Buße getan hat. Jeder, der am Tag des Herrn Handel treibt, wird mit dem Verlust eines Pferdes bestraft. Wenn ein Ladenbesitzer seinen Laden öffnet, wird man ihm befehlen, seinen Laden zu zerstören oder fünfundfünfzig Pfund zu bezahlen. Arbeitet aber ein Jude am Sonntag, soll er des Werkzeugs verlustig gehen, das er benutzt hat.[89]

Andere mittelalterliche Erlasse zeigen, dass die Sorge um obszönes oder anderweitig unpassendes Verhalten nicht nachließ. Die frühen Regelungen empfahlen einen Tag der Ruhe und verboten nur einige wenige Aktivitäten, zum Beispiel die Verhandlung von Streitfällen vor Gericht. Nun aber war die Ruhe gesetzlich vorgeschrieben und die Liste der verbotenen Tätigkeiten kannte kein Ende. Man bemühte sich außerdem um eine möglichst genaue Definition des Verbotenen, zum Beispiel welche Trägertätigkeiten nun ausgeführt werden durften und welche nicht. Auffällig ist in diesem Zusammenhang vor allem, dass die Art und Weise, wie diese Definitionen der rechtmäßigen Arbeit diskutiert wurden, sehr den rabbinischen Diskussionen über den Sabbat ähnelten. Dies war eines der ersten Anzeichen für eine Entwicklung, die sich erst in späterer Zeit bemerkbar machen sollte: Der Sonntag entwickelte sich ganz allmählich zu einem christlichen Sabbat. Tatsächlich nannte man den siebten Tag der Woche immer noch *sabbatum*. Doch für diesen Tag schrieben weder staatliche noch kirchliche Erlasse Ruhe vor, sondern das Fasten.

In all diesen Dekreten klingt auch ein dezidiert anti-jüdisches Vorurteil durch: Am Sabbat stand es den Juden frei zu arbeiten oder nicht, am Sonntag aber mussten sie ruhen. Dies legt den Verdacht nahe, dass im Laufe jener Entwicklung, welche den christlichen „Herrentag" allmählich dem jüdischen Sabbat (und folglich Ruhetag) immer ähnlicher werden ließ, eine Tendenz aufkam, den Unterschied zwischen dem Sabbat (*sabbatum*) und dem Tag des Herrn (*dominica*) allein an dem zugehörigen Wochentag festzumachen. Auf diese Weise wurde der Tag der Sabbatruhe zum Unterscheidungsmerkmal zwischen christlicher Orthodoxie und dem Judentum. Der Begriff *sabbatum* bezog sich zwar immer noch auf den siebten Tag, doch selbst ohne diesen Begriff war aus dem Tag des Herrn nun ein christlicher Sabbat geworden. Das lateinische Verb *sabbatizare*, das einst verächtlich für die jüdische Gewohnheit, den Sabbat einzuhalten, gebraucht worden war, bezeichnete nun das „Ruhen", genauer gesagt das „Ruhen aus religiösen Gründen".

Das Ideal: ein Tag des Gebets

Für die meisten „Sonntagsgesetze" war das Ruhen eine Pflicht. Für die Klöster allerdings galt eine andere Regelung. Natürlich war auch im Kloster der Tag des Herrn ein Ruhetag – aber im Kloster hatte der Ruhetag einen weiteren Zweck. Es ging darum, diesen Tag ganz mit Gebeten, Meditation und der Lektüre frommer Schriften zu füllen. Als staatliche und kirchliche Stellen immer neue Vorschriften für den arbeitsfreien Sonntag erließen, verlieh der Heilige Benedikt in seiner Mönchsregel diesem Tag ein ganz anderes Gesicht:

> *Am Sonntag sollen ebenfalls alle für die Lesung frei sein außer jenen, die für verschiedene Dienste eingeteilt sind. Ist aber einer so nachlässig und träge, dass er nicht willens oder nicht fähig ist, etwas zu lernen oder zu lesen, trage man ihm eine Tätigkeit auf, damit er nicht müßig ist.*[90]

Anders ausgedrückt ist der Sonntag hier zwar ein Tag der Ruhe, doch nicht um der Ruhe willen. Wichtige Pflichten – wie die des Kochens – müssen gleichwohl erledigt werden. Und Trägheit ist nicht erlaubt. Ziel und Zweck der Sonntagsruhe sind Gebet und Kontemplation.

Nicht mal ein Jahrhundert später gab Isidor von Sevilla eine weitere Mönchsregel heraus, die jedoch später von der Benediktsregel teilweise verdrängt wurde. Er überlegt darin unter anderem, welche Tage sich für das Fasten eignen und kommt zu dem Schluss, dass der Sonntag nicht dazu gehört. Dies schien damals gängige Meinung gewesen zu sein, zumindest seit dem 2. Jahrhundert. Der Grund, den Isidor hierfür anführt, ähnelt durchaus jenen, die wir bereits von der frühen Kirche kennen: Der Sonntag war in seinen Augen kein Tag des Leids. „Die Feiertage, an denen Mönche nicht fasten sollen, sind folgende: Zunächst einmal der verehrungswürdige Tag des Herrn, der Christus gewidmet ist. Da dieser Tag ein Feiertag ist wegen des Mysteriums der Auferstehung des Herrn, sollte an diesem Tag eine feierliche Freude unter all seinen Anhängern herrschen.“[91]

Die Wirklichkeit: Ein Tag des Spiels

Die drakonischen Gesetze über die Sonntagsruhe und die offenkundige Notwendigkeit, sie ständig neu zu erlassen, zeigen vor allem, dass diese Ruhe zwar für wichtig erachtet, aber keineswegs überall befolgt wurde. Während das Ideal sich am Mönchsleben orientierte und die Menschen sonntags am liebsten bei Gebet und guten Taten gesehen hätte, gingen die meisten nach der pflichtschuldigst besuchten Messe lieber solchen Aktivitäten nach, für die ihnen wochentags keine Zeit blieb. Ging es in den frühen Erlassen noch um Theater- und Tanzaufführungen professioneller

Schausteller, welche die Menschen besuchten, so hatten die Dekrete doch bald ein anderes Ziel: Die germanischen Völker brachten nämlich ihre Traditionen in den neuen Glauben mit ein und damit auch Tänze und Feste, die man nun unter den neuen christlichen Vorzeichen beging. Der Theaterhistoriker Edward K. Chambers beschreibt, was an diesen Feiertagen geschah, vor allem an Sonntagen: „Chöre von Frauen überschwemmten mit übermütigen *cantica* [Liedern] und *ballationes* [Tänzen] den Vorhof der Kirchen, ja manchmal sogar die heiligen Gebäude selbst. Eine Entweihung, gegen die Generationen von Klerikern vergeblich protestierten ... Der Kampf dauerte lange, und am Ende gelang es der Kirche doch nie vollständig, dem Tanz die Tür zu weisen."[92]

Es ist unwahrscheinlich, dass die Mehrheit der Bevölkerung an diesen Festen teilnahm. Daher mochte es sich auch um Übertreibung handeln, wenn allzu fromme Seelen von „Liederlichkeit" und „Wollust" sprachen. Andererseits war der Sonntag (neben anderen kirchlichen Feiertagen) der Tag, an dem Jongleure, Gaukler, Tänzer und Balladensänger auf den öffentlichen Plätzen ihre Kunststücke darboten. Da diese Plätze häufig vor der Kirche lagen, erhoben die Priester lautstark Einspruch gegen dieses Treiben. Im Gegenzug besetzte die Menge dann, angeführt von Tänzern und Musikern, die Kirche und machte sie zum Ort ihrer eigenen Festivitäten. Gelegentlich nutzten die Kirchenoberen solche Gelegenheiten auch, um Mirakelspiele zu inszenieren, bei denen den Gläubigen auf der Bühne die Wunder der christlichen Heiligen und die Geheimnisse des Glaubens nahegebracht wurden. Dies war überhaupt einer der Ursprünge des modernen Theaters. Meist aber war es so, dass die sakrale Feierlichkeit der Messe mit dem eher derben Zeitvertreib des restlichen Sonntags im Konflikt stand. Der Sonntag war also zunehmend von einem Dualismus geprägt: Da war einerseits das Heilige, das überwiegend düster und ernst gefeiert wurde, andererseits der Rest des Lebens, das sich an Sonntagen fröhlich und manchmal auch wild gestaltete.

Dieser Dualismus zwischen dem Heiligen und dem Ungestüm galt aber vor allem für die Städte. Auf dem Land mochte dies anders gewesen sein, vor allem, wenn das Land zu einem der Klöster gehörte. Die Klosterregel unterstrich gewöhnlich, dass der Tag des Herrn ein Ruhetag war, doch sollte dieser eben nicht mit leichtsinnigen Vergnügungen vergeudet werden, sondern dem Gebet, dem Studium der Schriften und der Kontemplation dienen. Und das galt zweifelsohne auch für die Bauern, die das klösterliche Land bestellten – ähnlich dem Klang der Glocken, der nicht nur den Zeitablauf im Kloster regelte, sondern auch den Menschen in der näheren Umgebung die Zeit angab. Sonntags gingen die Bauern ins Kloster zur Messe. Auf diese Weise bekamen sie mit, dass die Mönche zwar nicht ihren alltäglichen Verrichtungen nachgingen, sich aber doch dem Gebet und der Kontemplation widmeten. Daher darf man annehmen – auch wenn es dafür kaum handfeste Beweise gibt –, dass der oben geschilderte Dualismus zwischen den geistlichen Aktivitäten und dem lauten Feiern der Gaukler in den Städten sehr viel ausgeprägter war als auf dem Land.

Ein Brief des Herrn

Etwa um das Jahr 600 schrieb Bischof Licinianus von Cartagena in Spanien an einen Amtskollegen auf der Baleareninsel Ibiza und schalt ihn, weil dieser einen Brief, der angeblich vom Himmel kam, ernst genommen und ihn in der Kirche hatte verlesen lassen. Vermutlich bezog er sich damit auf den „Brief über den Tag des Herrn", der etwa um diese Zeit zu zirkulieren begann. Selbst im 19. Jahrhundert gab es noch Menschen, die dieses Dokument in hohem Ansehen hielten, dessen voller Titel lautet: „Brief Unseres Erlösers, des Herrn und Gottes Jesus Christus". Der im Brief aufgeführten Legende zufolge erschien der Heilige Petrus dem Bischof von Rom in einem Traum und befahl ihm, nach einem Brief zu sehen, der über dem Altar der Kirche in der Luft schwebte. Der Bischof ging hin, sah den Brief und rief die Gläubigen zusammen, die drei Tage und drei Nächte lang ununterbrochen beteten, bis der Brief von selbst in die Hände des Bischofs schwebte. Es handle sich dabei um ein außergewöhnliches Schriftstück, denn – wie Jesus darin bestätigt – „es stammt nicht von menschlicher Hand, sondern von der Hand unseres unsichtbaren Vaters."[93]

Für uns ist der Brief vor allem deshalb interessant, weil es darin hauptsächlich um die Einhaltung des Tags des Herrn geht, der auch hier – wie früher in der *Didache* – tautologisch als „Herrentag des Herrn" bezeichnet wird: *kyrias kyriakēs*. Wir finden in dem Brief Verweise auf die wichtigsten symbolischen Zusammenhänge des Sonntags: 1) als „der Tag, der über allen anderen heilig ist, weil an ihm Jesus Christus, unser Herr und Gott, von den Toten auferstanden ist"; 2) als „der erste Tag, an dem Ich Himmel und Erde und Tag und Nacht schuf"; 3) als „der heilige Tag des Herrn, an dem Ich alle Erde richten werde". Und es werden noch andere Gründe genannt, die den Sonntag als besonders heilig erscheinen lassen: An diesem Tag habe Abraham die Engel zu Besuch gehabt. An diesem Tag habe außerdem Moses auf dem Berg Sinai die Gebote empfangen. Schließlich sei der Sonntag auch der Tag der Verkündigung und der Tag, an dem der Herr getauft worden sei.

Auch hier gibt es ein interessantes Detail festzustellen. Zwar wurde in der Messe zu jener Zeit die Freude über die Auferstehung und die eschatologische Hoffnung der Gläubigen schon von der düsteren Feierlichkeit überschattet, die das Kreuz und die Passion in den Mittelpunkt stellten. Doch wer immer diesen angeblichen „Brief vom Himmel" verfasst hat, sah den Sonntag offensichtlich als Tag der Hoffnung und Freude, denn er verband ihn nicht nur mit den klassischen Begebenheiten wie der Auferstehung, dem ersten Schöpfungstag und der Wiederkunft Christi am Ende der Zeiten, sondern auch mit anderen freudigen Ereignissen wie der Verkündigung und der Taufe Jesu.

Doch der Brief zeigt auch einen ausgesprochen strengen Unterton, dort nämlich, wo er all jenen, die diese Gebote nicht einhalten, mit einem mächtigen „Wehe!" droht. Die aufgeführten Zuwiderhandlungen haben dabei viel mit dem Kirchgang und der Liturgie zu tun: „Wehe dem, der während der heiligen Messe schnattert."; „Wehe dem, der nicht an die Heilige Schrift glaubt." Andere haben moralische Ermahnungen zum Thema: „Wehe dem Mönch, der Unzucht treibt." Auch soziale Probleme werden aufgegriffen: „Wehe dem, der Haus an Haus baut, Feld an Feld fügt, sodass kein Platz mehr für andere ist."; „Wehe dem, der den

Arbeitern ihren Lohn nicht auszahlt.“; „Wehe dem, der als Wucherer Geld verleiht.“; „Wehe dem, der im Tempel zwar Opfer darbringt, aber mit seinem Nachbarn in Unfrieden lebt.“ Und auch für all jene, die diesen Brief nicht ernst nehmen, hat er ein „Wehe!“ parat: „Wehe dem Priester, der diesen Brief nicht laut verliest.“ Offensichtlich hatte der unbekannte Autor eine Art Reformation im Sinn, die auf vermehrte Frömmigkeit, höhere moralische Standards und einen gerechteren Umgang mit den Mitmenschen abzielte. Grundlage dieser Reformation war die Ehrung des Herrentags.

Doch obwohl die Kirchenoberen diese Ziele sicher ebenso für erstrebenswert hielten, entschieden sich die meisten doch wie Licinianus von Cartagena dafür, den Anspruch des Briefes, direkt von der Hand Gottes zu stammen, nicht anzuerkennen. Er schien ihnen offensichtlich nicht nur falsch, sondern geradezu blasphemisch. Und so folgten sie meistenteils dem Rat von Bischof Licinianus, der, als er die ersten Sätze gelesen hatte, in denen die Legende seiner Entstehung dargestellt wird, den Brief sofort verbrannte, ohne ihn zu Ende zu lesen. Und doch tauchte der Brief immer wieder auf, kopiert von gläubigen Mönchen, die offensichtlich glaubten, was man ihnen erzählte, und die darin genannten Reformbestrebungen unterstützten.

Denn genau das will der Brief: zur Reform aufrufen. Dieser Aufruf ist kein gelehrter, deren es im Mittelalter auch nicht wenige gab. In ihm drückt sich vielmehr das Empfinden des einfachen Volkes aus – jener Menschen, die ihn tatsächlich als Brief von der Hand des Herrn betrachteten. Und der Mönche, die ihn aufbewahrten und ständig neu abschrieben. In den Reformbestrebungen, die sich darin ausdrücken, spielt der Sonntag eine entscheidende Rolle. Das Verhalten während der Messe wird zur Grundlage für alle anderen Reformen, die zu einer erneuerten Moral, zu mehr Gerechtigkeit führen sollen. Dass dieser Brief trotz der Ablehnung vonseiten der offiziellen Kirche immer weiter zirkulieren konnte, legt nahe, dass dieses Dokument uns einen unverstellten Einblick in das Verständnis des Sonntags im Rahmen der Volksfrömmigkeit gibt.

Es existieren eine ganze Reihe mittelalterlicher Schriften, die sich – wie dieser angebliche Brief vom Himmel – durch absurde Behauptungen Legitimität zu sichern suchen. Allerdings wohl keine, die so wenig glaubwürdig wirkten wie unserem Beispiel. Die Kirche jedenfalls stützte solche Behauptungen nicht, sondern nahm – wie im Fall von Licinianus – dagegen Stellung. Doch da diese Dokumente dennoch immer weitere Verbreitung fanden, haben sie das mittelalterliche Glaubensleben vermutlich ebenso geprägt wie die offizielle Lehre der Kirche.

12
Thomas von Aquin über Sonntag und Sabbat

Die Rolle des Sabbat in den Zehn Geboten

Während Schriften wie „Der Brief des Herrn“ die Volksfrömmigkeit maßgeblich beeinflussten, taten die Theologen weiterhin ihren Dienst. Hier im Einzelnen darzulegen, was die mittelalterliche Theologie zum Sonntag zu sagen hatte, würde den Rahmen dieses Buches sprengen. Im Allgemeinen ging man davon aus, dass der Sabbat ein Zeichen war, ein Schatten, der auf den Sonntag vorausdeutete. Da aber nun die angekündigte Wirklichkeit eingetreten war, war dieser Schatten nicht länger von Belang. Diese Einstellung wird sehr häufig mit antijüdischen Vorurteilen begründet. Johannes von Damaskus zum Beispiel erklärte: „Der Sabbat war eine Einrichtung für die fleischlich gesinnten Juden. Dieselbe ist jetzt erloschen, weil der Christ nicht bloß einen kleinen Theil seines Lebens, sondern sein ganzes Leben Gott weihen will. Der wahre Sabbat ist die Ruhe von der Sünde.“[94]

Vor dem Hintergrund dieser Denkweise stellten sich die Scholastiker die Frage, weshalb der Sabbat in den Zehn Geboten dann überhaupt erwähnt wird. Schließlich gehe es bei den restlichen Geboten ja um Fragen des Glaubens und der Moral, die für alle Menschen gleichermaßen gültig seien, ob nun Christen oder nicht. Beim Sabbat aber sei dies nicht der Fall. Wenn die Kirche alle anderen Gebote erfüllt sehen wolle, warum also nicht auch den Sabbat?

Die Diskussion der Materie bei Thomas von Aquin zeigt sehr schön, welche Probleme dieses Thema aufwarf und welche Antworten die scholastischen Theologen darauf fanden. In seinem Hauptwerk *Summa theologica* jedenfalls gibt es einen Abschnitt, der sich ausschließlich mit den Zehn Geboten beschäftigt. Dort führt Thomas zunächst aus, dass die Zehn Gebote Gesetze der Gerechtigkeit seien: „Die Zehn Gebote sind die ersten Gesetzesvorschriften und [zugleich] jene, denen infolge ihrer offenkundigen Klarheit die natürliche Vernunft sofort zustimmt."[95] Sie sind Gebote der Gerechtigkeit, denn Gerechtigkeit beruht immer auf Beziehungen – der Beziehung zu Gott und zu anderen Menschen. Die ersten drei Gebote seien der Beziehung zu Gott gewidmet, der Rest der Beziehung zu unseren Mitmenschen. (Für Thomas von Aquin und viele andere Gelehrte des Mittelalters und der römisch-katholischen Kirche umfasst das Erste Gebot das Fremdgötter- und das Bilderverbot, sodass für ihn das Sabbatgebot zum Dritten Gebot wird.)

Das Moral- und Zeremonialgesetz

Das Sabbatgebot aber stellt für Thomas ein Problem dar, denn wenn die Zehn Gebote natürliche Prinzipien waren, deren Einhaltung die Vernunft gebot, und zwar für alle Menschen gleichermaßen, dann musste ja das Gebot der Heiligung des siebten Wochentags genauso befolgt werden wie das Verbot, fremde Götter zu verehren oder Ehebruch zu begehen. Um dieser Schwierigkeit aus dem Weg zu gehen, griff Thomas auf eine uralte theologische Tradition zurück, nämlich die Unterscheidung zwischen Zeremonial- und Moralgesetz. Sinn und Zweck des Ersteren war es, auf Jesus vorauszuweisen und auf die Erlösung in ihm. Gesetze, die sich auf Opferhandlungen, Ernährungsvorschriften, Feiertage und Ähnliches bezogen, waren demnach Zeremonialgesetze und damit nicht mehr bindend. Gebote aber, die sich um grundlegende moralische Prinzipien drehten, waren immer noch gültig und mussten befolgt werden. Aus eben diesem Grund unterstreicht Thomas, dass die Zehn Gebote Gesetze der Gerechtigkeit seien, Prinzipien, die sich auch der ungebildete Geist erschließen kann und die deshalb befolgt werden müssen. Beim Dritten Gebot aber, schreibt er, handele es sich zum Teil um ein moralisches Prinzip, zum Teil um ein Zeremonialgesetz.

> *Das Gebot der Sabbatheiligung ist, wörtlich verstanden, teilweise ein Sittengebot, teilweise eine Kultverordnung. Sittengebot ist es, insofern der Mensch eine bestimmte Zeit in seinem Leben festlegen soll, in der er für das Göttliche frei ist. Denn der Mensch trägt in sich die natürliche Neigung, für jede notwendige Angelegenheit eine bestimmte Zeit festzusetzen, z. B. für die körperliche Erholung, den Schlaf und dergleichen mehr. Darum legt er auch für die geistige Abspannung, in der seine Seele sich in Gott erneuert, nach der Entscheidung der natürlichen Vernunft eine bestimmte Zeit fest. Und in dieser Form eine bestimmte Zeit freizumachen, um sich mit göttlichen Dingen zu beschäftigen, fällt unter*

das Sittengebot. – Sofern jedoch in diesem Gebot eine genaue Zeit zur Erinnerung an die Weltschöpfung angesetzt ist, ist es eine Kultverordnung. Ebenso ist es eine Kultverordnung nach seiner bildhaften Bedeutung, insofern es ein Bild der Grabesruhe Christi ist, die auf den siebten Tag fiel. Und desgleichen nach der sittlichen Bedeutung, sofern es das Ablassen von jeder sündhaften Handlung und das Ausruhen des Geistes in Gott zum Ausdruck bringt. Unter diesem Gesichtspunkt ist es in gewissem Sinne ein allgemeines Gesetz. […] Darum gehört das Gebot über die Sabbatheiligung unter die Zehn Gebote, und zwar als Sittengebot, nicht als Kultverordnung.[96]

Aus diesen Gründen, so erklärt Thomas, ist das Ruhegebot ein moralisches Gesetz und muss daher von allen Christen befolgt werden. Die Detailfragen, wie und wann der Sabbat zu halten sei, gehören hingegen zum Zeremonialgesetz und deuten höchstens auf Christus voraus. Daher müssten sie jetzt, wo die versprochene Bedeutung eingetreten sei, nicht mehr aufrechterhalten werden. Wer weiterhin auf der Einhaltung der Zeremonialvorschriften bestehe, die auf Christus vorausdeuteten, leugne demnach, dass in ihm die Versprechen des Alten Testaments erfüllt wurden. Während das Ruhegebot also auch heute noch eingehalten werden müsse, seien jene Elemente des Sabbat, die auf ihre Erfüllung vorausdeuten, nicht mehr gültig: „Die Heiligung des Sonntags [*observatio diei Dominicae*] im Neuen Testament hat die Beobachtung des Sabbats abgelöst nicht kraft einer Gesetzesvorschrift, sondern durch kirchliche Bestimmung und Gewohnheit des christlichen

Volkes. Die Sonntagsheiligung ist nicht sinnbildlich, wie die Sabbatheiligung im Alten Testamente gewesen ist. Darum besteht für den Sonntag kein so strenges Arbeitsverbot wie für den Sabbat, sondern gewisse Arbeiten, die am Sabbat untersagt waren, sind am Sonntag gestattet, wie die Zubereitung der Speisen und Ähnliches."[97]

Der Großteil der mittelalterlichen Theologen nach Thomas von Aquin machte sich dessen Argumentation zu eigen. So konnte man das grundlegende Gebot beachten, ohne sich jedoch an die kulturellen Praktiken drumherum halten zu müssen. Wie wir später noch sehen werden, wurde Thomas' Behauptung, dass die Kirche es war, die den Sabbat sozusagen auf den ersten Wochentag verlegte statt auf den siebten, später zu einem Argument gegen die Protestanten, die nur den explizit in der Heiligen Schrift genannten Geboten folgen wollten. Denn diesem Gebot folgten ja auch Protestanten, obwohl es von der Kirche festgelegt worden war und nicht von der Heiligen Schrift.

Kurz zusammengefasst

Da wir an das Ende unseres kurzen Überblicks über das Gepräge des christlichen Sonntags im Mittelalter kommen, möchte ich hier einige Punkte festhalten, die uns helfen werden, die folgenden Entwicklungen besser zu verstehen:

Erstens, die Reihe der Edikte und Erlasse im Hinblick auf die Sonntagsruhe riss nie ganz ab. Konstantins berühmtem Erlass folgten zahllose weitere Verfügungen vonseiten kirchlicher und staatlicher Autoritäten auf allen Hierarchieebenen.

Zweitens, eben diese Gesetzgebung, die häufig mit dem siebten Tag verknüpft wird, setzte einen Prozess in Gang, in dessen Verlauf der Sonntag immer mehr zum christlichen Sabbat umgedeutet wurde. Diese angebliche Ersetzung des Sabbats durch den Sonntag war nicht selten begleitet von judenfeindlichen Äußerungen, die darauf hinausliefen, dass der Sabbat für die „fleischlichen" Juden sei, der Sonntag aber für die „geistlichen" Christen. Mitunter wurde der Wandel auch so erklärt, dass zwar das Ruhegebot Teil eines moralischen Prinzips sei, an welchem Tag es aber eingehalten werde, sei letztlich Teil der Zeremonialgesetze, deren einzige Funktion es war, auf Christus vorauszudeuten. Da Christus nun Wirklichkeit geworden sei, sei es nicht mehr nötig, sich an diese Gebote zu halten.

Drittens, der zentrale Punkt der Kommunion war nun nicht mehr der Leib Christi, verkörpert in der Zusammenkunft der Gläubigen, sondern der Leib Christi, der nun leibhaftig in Form der Hostie anwesend war.

Viertens, mit dem aufkommenden Bild von der Kommunion als erneutem, wenn auch blutlosem Opfer Christi, nahm der uralte Ritus, der Freude und Sieg feiern sollte, einen immer schwermütigeren Unterton an. Nun ging es nicht mehr um die Auferstehung und die eschatologische Hoffnung, sondern um das Kreuz und die menschliche Sünde, welche dieses überhaupt erst nötig machte.

Fünftens, im Gefolge des eben beschriebenen Wandels wurde die Kommunion zum göttlichen Drama, aus dem man durch bloße Anwesenheit Nutzen zog. Es gingen immer mehr Menschen regelmäßig zur Messe, die Kommunion aber war auf die hohen Feiertage beschränkt.

Sechstens, bei der Messe zählte das Opfer mehr als die

Anwesenheit, was unter anderem dazu führte, dass es allgemein üblich wurde, Messen für die Abwesenden oder Toten zu lesen.

Siebtens, der Sonntag war immer noch ein Festtag. Allerdings feierte man nun nicht mehr, wie früher, Christi Auferstehung, sondern die Tatsache, dass man frei hatte. Sobald man seine Pflicht erfüllt hatte und zur Messe gegangen war, war der Rest des Tages den Vorstellungen von Gauklern und Musikanten gewidmet, dem Gesang, sowie dem Tanz mit gelegentlich derben Anzüglichkeiten. So wurde der Sonntag nicht nur der Tag des großen, überwältigenden Spektakels des erneuerten Christusopfers, sondern auch ein Tag weltlicherer Spektakel, die nicht selten zeigten, weshalb dieses Opfer überhaupt nötig geworden war.

Teil 4
DIE REFORMATION UND DARÜBER HINAUS

Im Übergang zum 16. Jahrhundert stoßen wir auf neue komplexe Fragestellungen, die sich im Rahmen unserer Geschichte des Sonntags ergeben. Dabei stehen vor allem zwei Entwicklungen im Vordergrund: Eine wachsende Menge von Texten im Gefolge der Erfindung der Druckerpresse auf der einen Seite und die Reformation auf der anderen Seite. Die Druckerpressen begannen bald, Europa mit einer Flut von Schriften zu überschwemmen. Hatten wir zu Beginn unserer Untersuchung damit zu kämpfen, in der eher spärlichen Überlieferung überhaupt Belegstellen zu unserer Thematik zu finden, und später mit der Tatsache, dass es zwar mehr Texte gab, diese jedoch fast ausschließlich nach mittelalterlichen Handschriften kopiert wurden, so sind wir nun mit einer Unmenge von Material konfrontiert und müssen uns entscheiden, welches davon die größte Bedeutung entfaltet und uns in unserer Untersuchung weiterbringt.

Der zweite Problemkreis ergibt sich parallel zum ersten aus der Tatsache, dass im Zuge der Reformation eine unglaubliche Vielfalt von Meinungen, Bewegungen und Kirchen entsteht. In den vorangehenden Kapiteln hatten wir es mit einem vergleichsweise einfachen Narrativ zu tun, das innerhalb einer einzigen Kirche wirksam war – zumindest im Westen. Ich habe zwar unterschiedliche Blickwinkel und Schwerpunkte herausgearbeitet und eine bestimmte Entwicklung aufgezeigt, doch all dem lag eine allgemeine Übereinstimmung in den entscheidenden theologischen Fragen zugrunde. Im 16. Jahrhundert aber bricht diese Übereinstimmung weg. Von nun an haben wir es mit einer Vielzahl konkurrierender und mitunter widerstreitender theologischer Traditionen zu tun, die alle Berücksichtigung finden müssen. In einigen dieser Traditionsstränge gab es leidenschaftliche Debatten über den Sonntag, seine Bedeutung und die Art, wie man ihn am besten zu begehen habe. Allerdings trifft das keineswegs auf alle theologischen Traditionen zu, zumindest nicht zur selben Zeit.

Angesichts dieser beiden erschwerenden Faktoren werden die folgenden Kapitel einer streng chronologischen Ordnung folgen, die mit der Reformation einsetzt und sich dann den Entwicklungen in späteren Jahrhunderten zuwendet. Außerdem wird dort stärker selektiv vorgegangen als bisher. Wir werden uns vor allem mit jenen neuralgischen Punkten beschäftigen, bei denen der Sonntag in den Mittelpunkt der Diskussion rückte oder sich die sonntäglichen Bräuche änderten. Strömungen, die nur wiederholen, was andere bereits gesagt oder getan haben, bleiben unberücksichtigt.

13
Die Reformation

Die katholische Kirche

Es gibt Hinweise darauf, dass schon im 15. Jahrhundert Stimmen laut wurden, welche die Einhaltung des Sabbats anmahnten. Das Konzil von Florenz (1438 – 1445) bringt den Sabbat mit der Beschneidung in Verbindung und erklärt, dass jeder, der den Sabbat feiert, des ewigen Heils nicht teilhaftig werden kann – obwohl dabei nicht deutlich wird, ob damit Christen gemeint sind, die den Sabbat heiligen, oder ob es sich dabei nur um einen der zahlreichen zeitgenössischen Angriffe auf das Judentum und seine Vertreter handelt.[98] Diese und ähnlich gelagerte Themen wurden während der gesamten Reformationszeit diskutiert, traten in der theologischen Debatte aber nie in den Vordergrund. Das Konzil von Trient (1545 – 1563) jedenfalls, das ja versuchte, so gut wie jede offene Frage zu regeln, hielt dieses Problem offensichtlich für nicht wichtig genug, um sich dazu zu äußern. Die Vorstellung, dass der Sonntag die Stelle des Sabbats eingenommen hatte, war so verbreitet, dass die katholische Kirche in ihren Argumenten gegen das *sola-scriptura*-Prinzip Martin Luthers einwandte, schließlich sei auch die feierliche Begehung des Sonntags nicht in der Heiligen Schrift festgelegt, sondern von der Kirche so angeordnet worden.[99]

Beim Konzil von Trient hielt Gaspar del Fosco, Erzbischof von Reggio, eine Predigt vor dem Konzil, in welcher er dieses Argument wieder aufgriff: „Der Sabbat, der höchste Tag im Gesetz, ist in den Tag des Herrn umgewandelt worden. Die Beschneidung, die man Abraham und seinen Nachkommen aufdrängte unter der Drohung, wer nicht beschnitten sei, der würde aus Seinem Volke ausgestoßen werden, wurde damit abgeschafft [...] Diese und andere ähnliche Dinge wurden durch die Autorität der Kirche verändert."[100] Wie wir noch sehen werden, war es Luther selbst, der den Boden für diese Argumentation bereitet hatte.

Was jedoch die feierliche Begehung des Sonntags anging, hatte das Konzil von Trient so Einiges zu sagen, wobei das Meiste allerdings nur eine Bestätigung traditioneller Auffassungen war – zum Beispiel der Transsubstantiation und der Messe als Sühneopfer. Die sonstigen Beschlüsse aber waren ein Versuch, eine gewisse Einheitlichkeit aufrechtzuerhalten beziehungsweise erst herzustellen angesichts der mitunter verwirrenden Vielfalt liturgischer Praktiken, die sich seit Beginn der Reformation herausgebildet hatten. So erklärte das Konzil beispielsweise, dass die Messe auf Lateinisch gehalten werden sollte, dass man jedoch den Teilnehmenden die Inhalte in ihrer eigenen Sprache erläutern solle.[101] In Fortführung dieser Vereinheitlichungsbemühungen gab Papst Pius V. 1570 ein Messbuch heraus, das *Missale Romanum*, das nun von allen verwendet werden musste, ohne dass auch nur ein Jota davon abgewichen oder etwas hinzugefügt werden durfte. Dem Papst zufolge war dieses Messbuch mit einigen wenigen festgelegten Ausnahmen die einzig gültige Liturgie – und zwar nicht nur allerorten, sondern auch für alle Zeiten.

Die größte Veränderung, welche die Reformation im Hinblick auf den Sonntag und die Messe brachte, war zunächst einmal die Verwendung der Volkssprache in der Liturgie. Während die katholische Kirche schon um der Uniformität der Kirchen willen auf Latein als Liturgiesprache bestand, trat Luther für die Volkssprache ein, weil nur diese für das Volk Bedeutung hatte. Für ihn war das keine linguistische Frage, sondern eine des Kulturerwerbs. 1525, als einer seiner Mitstreiter das reformatorische Gedankengut schneller und radikaler umsetzen wollte, als Luther dies für angemessen hielt, sagte er: „Dass nun die Messe deutsch gehalten werde bei den Deutschen, gefällt mir wohl: Aber dass er da auch will eine Not machen, als müsse es so sein, das ist abermal zuviel.“[102] Er meinte, die Messe auf Deutsch zu lesen sei nicht nur eine Frage der Sprache, sie solle auch die Kultur widerspiegeln, in welche die Messe eingebettet ist. Daher unterstrich er nach dem Hinweis, dass die Messe auf Deutsch gelesen werden solle, die Tatsache, dass es immer noch keine echte deutsche Messe gebe: „Ich wollt heute gerne eine deutsche Messe haben, ich gehe auch damit um, aber ich wollt ja gerne, dass sie eine rechte deutsche Art hätte. Denn dass man den lateinischen Text verdolmetscht und lateinischen Ton oder Noten behält, lass ich geschehen; aber es lautet nicht artig noch rechtschaffen. Es muss beides, Text und Noten, Akzent, Weise und Gebärde aus rechter Muttersprache und Stimme kommen: Sonst ist alles ein Nachahmen, wie die Affen tun.“[103]

Die Messe, von der Luther sagte, dass er daran arbeite, wurde im darauffolgenden Jahr 1526 veröffentlicht. Sie war ganz in Deutsch gehalten, bis auf das Kyrie, das immer noch auf Griechisch gesungen wurde. Die Worte und die Musik dieser neuen Messe waren nicht einfache Übersetzungen oder Adaptionen. Sie stellten vielmehr den ernsthaften Versuch dar, eine Liturgie zu finden, die das deutsche Volk ansprechen würde. Es war eine Messe, an der alle teilhaben konnten, auch beim Gesang, welcher in der katholischen Kirche jener Zeit noch den Priestern und Chören vorbehalten war. Luther aber vereinfachte die Kirchenmusik und glich sie den verbreiteten Volksliedformen an. In seinen Augen war dies eines der Merkmale guter liturgischer Musik. Weitere Merkmale waren eine Ausrichtung an Christus und am Evangelium.

Bevor Luther die Deutsche Messe herausgab, hatte er eine Lateinische Messe veröffentlicht. Diese war im Prinzip eine traditionelle Messe, nur mit dem Unterschied, dass er alles herausgestrichen hatte, was den Schluss nahelegte, der Mensch könne sein Heil durch gute Werke finden und Verdienste erwirken. Darüber hinaus tilgte er alle Verweise auf die Transsubstantiation und die Messe als Sühneopfer. Die Deutsche Messe folgte dann mehr oder weniger demselben Muster, obwohl nun Texte und Lieder verwendet wurden, die zur deutschen Kultur passten. Auf Uniformität in Sachen Anbetung legte Luther hingegen keinen Wert. Ganz im Gegenteil, im Vorwort zur Deutschen Messe erklärt er:

> *Vor allen Dingen will ich gar freundlich gebeten haben, auch um Gottes Willen, alle diejenigen, so diese unsere Ordnung im Gottesdienst sehen oder befolgen wollen, dass sie ja kein nötig Gesetz daraus machen, noch jemands Gewissen damit verstricken oder fangen;*

sondern, der christlichen Freiheit nach, ihres Gefallens brauchen, wie, wo, wann und wie lange es die Sachen schicken und fordern. Denn wir auch solches nicht der Meinung lassen ausgehen, dass wir jemand darinnen meistern oder mit Gesetzen regieren wollten.[104]

Nachdem er so die christliche Freiheit beschworen hat und davor warnt, diese Freiheit so zu gebrauchen, dass sie andere unterdrückt, fährt er fort: „Doch will ich hiermit nicht begehren, dass diejenigen, so bereits ihre gute Ordnung haben oder durch Gottes Gnaden es besser machen können, dieselbige fahren lassen und uns weichen. Denn es nicht meine Meinung ist, das ganze Deutschland so eben müsste unsere wittenbergische Ordnung annehmen.“[105]

Obwohl dies für unsere gegenwärtige Untersuchung keine Bedeutung hat, soll hier doch noch einmal darauf hingewiesen werden, dass die Bedeutung der Messfeier in der Volkssprache und die darauffolgende Übersetzung der Heiligen Schrift in die verschiedenen europäischen Sprachen nicht hoch genug eingeschätzt werden können. Zum ersten Mal seit Jahrhunderten konnten auch ganz normale Gläubige verstehen, was während der Messe gesagt wurde. Dank der Übersetzungen und der Druckerpresse wurde das Studium der Bibel nun auch zu Hause möglich, sowohl im individuellen Rahmen als auch im Kreise der Familie. Und genau dies tat man dann auch, vorzugsweise am Sonntag.

Wohlbekannt ist, dass Luther viel Wert auf die Predigt legte, die gewöhnlich bei der Sonntagsmesse gehalten wurde, aber keineswegs darauf beschränkt war. Man predigte auch an anderen Tagen und in anderen Zusammenhängen. Doch die Predigt, so der Reformator, dürfe nicht die Person des Predigers und seine Autorität in den Vordergrund stellen, sondern müsse sich ganz auf den Zuhörer ausrichten. Bei seiner letzten Predigt am 15. Februar 1546 machte Luther klar: „Denn rechte Prediger sollen allein Gottes Wort fleißig und treulich lehren und Sein Ehr und Lob allein suchen. Desgleichen sollen auch die Zuhörer sagen: Ich glaube nicht an meinen Pfarrer, sondern er erzählt mir von einem anderen Herrn, der heißt Christus, den zeigt er mir. Auf dessen Worte will ich achten, der mich auf den rechten Meister und Lehrer, Gottes Sohn, führt."[106]

Kurz gesagt ist die zentrale Tätigkeit, um die sich am Sonntag alles herumgruppieren sollte, die Predigt des Wortes und die Feier des Sakraments, und zwar als Ausdruck der evangelischen Botschaft des Heils durch die Gnade, durch das Kreuz des Herrn Jesus Christus. Alles, was darüber hinausging, war suspekt, insbesondere alles, was geeignet war, die Vorstellung zu wecken, der Sonntag gehöre zu den „guten Werken", durch die der Gläubige sich das Heil sichern könne, und sei es das „Werk" des Nichtstuns.

Aus ähnlichen Gründen wurden nun die privat gehaltenen Messen abgeschafft. Zum einen, weil sie die Bedeutung der Gemeinschaft beim Sakrament und der Messe außer Acht ließen. Zum anderen, weil sie aus der Messe einen verdienstvollen Akt machten, den Luther zu jenen „guten Werken" rechnete.

Luther musste sich mit dem Sonntag auseinandersetzen, als er auf den Traktat *Von dem Sabbath* des Andreas Bodenstein von Karlstadt antwortete, den dieser 1524 veröffentlicht hatte.[107] Karlstadt ging davon aus, dass das Sabbatgebot Teil des Moralgesetzes ist und daher eingehalten werden müsse. Es sei von Gott nach dem Sündenfall in einem Akt der Gnade erteilt worden und habe die Menschheit von ununterbrochener Arbeit und Plackerei befreit. Dabei kritisierte Karlstadt nicht, dass die Kirche den Tag der Anbetung auf den Sonntag verlegt hatte, noch meinte er, dass Samstag dafür besser geeignet sei. Ganz im Gegenteil erklärte er, dass der Gläubige im Grunde frei wählen könne, wann er die Sabbatruhe einhalte. Dass er sich trotzdem nicht für einen beliebigen Wochentag entscheiden sollte, begründete er damit, dass es sinnvoll sei, einen gemeinsamen Ruhetag zu wählen, damit alle zusammen das Wort des Herrn hören konnten. Des Weiteren unterschied Karlstadt zwischen einem „leyblichen" und einem „geistlichen" Sabbat. Ersterer bezeichne die Sabbatruhe alle sieben Tage. Letzterer hingegen sei die Haltung, in der die Gläubigen alle Tage des Sabbats gedenken sollten. Diese „heilige" Gesinnung sei auch an Werktagen beizubehalten, damit man den Sinn nicht auf die Werke richte und die „Gelassenheit" des Evangeliums erfahren könne. Der Sinn dieser Übung des geistlichen Sabbats sei es, dass die Gläubigen aufhörten, Gott durch ihre Werke gefallen zu wollen, und sich stattdessen für ihn öffneten, damit er in ihnen wirken und sie seinem Ebenbilde gleichmachen könne. Daher sei der Sabbat im Zweiten Buch Mose angeordnet worden: Da „got allain den Menschen hailig macht unn nitt unsere werck". Wie aber solle man den geistlichen Sabbat begehen? Vorzugsweise in Buße und Trauer, mit gesenktem Haupt und vor das Gesicht geschlagenen Händen.

Luther hatte mit all dem nichts im Sinn. Er antwortet Karlstadt:

Und Dank müssen haben der fromme Paulus mit Jesaia, dass sie uns solange zuvor von den Rottengeistern erlöst haben; wir müssten sonst des Sabbats Tage sitzen, und das ‚Haupt in die Hand fassen', und der himmlischen Stimme warten, wie sie gaukeln. Ja, wenn Karlstadt weiter vom Sabbat würde schreiben, müsste der Sonntag noch weichen, und der Sabbat, das ist der Sonnabend, gefeiert werden: Er würde uns wahrlich aller Dinge zu Juden machen, dass wir uns auch beschneiden müssten usw.[108]

Was Luther am meisten an Karlstadts Thesen über den Sonntag störte, war nicht, dass dieser dafür eintrat, den siebten Tag zu heiligen statt des ersten – was Karlstadt ja ohnehin nicht tat. Luther störte sich vor allem an Karlstadts Ansicht, dass der Sabbat ein Tag war, an dem wir unsere Sünden betrauern sollten, statt die göttliche Gnade zu feiern. Außerdem monierte er, dass dort, wo Karlstadt die Gläubigen dazu ermunterte, die Arbeit ruhen zu lassen, um Gott sein subtileres Werk verrichten zu lassen, sich erneut die Vorstellung einschleiche, der Gläubige könne sich durch seine Werke rechtfertigen und sich so Gottes Gunst sichern. Dies wiederum war auch Luthers Hauptargument gegen jene Mystiker, die er in seiner Jugend so tröstlich gefunden hatte. In einer Hinsicht allerdings ging Luther mit Karlstadt konform: Am Sonntag war nichts Besonderes außer dem Gebrauch, den die Kirche von ihm machte, indem sie ihn zum Tag des Gottesdienstes erklärte. Nicht einverstanden dagegen war er mit der mittelalterlichen Auffassung, der Sonntag habe den jüdischen Sabbat ersetzt, weshalb die Gläubigen auch am Sonntag die Sabbatregeln des Dekalogs einhalten sollten. Wie Karlstadt aber ging Luther davon aus, dass es gerecht wäre, wenn Diener und andere Menschen, die ansonsten ununterbrochen würden arbeiten müssen, einen Tag von sieben als Verschnaufpause bekämen.

Schließlich gelangte Luther zu der Ansicht, dass das, was er prophezeit hatte – nämlich, dass es am Ende zur Beschneidung der Christen kommen würde, würde man Karlstadts Ideen umsetzen –, eingetreten sei. 1538 veröffentliche er daher einen offenen Brief an einen Freund mit dem Titel *Wider die Sabbather*. Darin schreibt er gleich zu Beginn: „Dass Ihr mir nun angezeigt habt, wie in den Ländern hin und wieder die Juden mit dem Geschmeiß ihrer Lehre einreißen und etliche Christen schon verführt haben, dass sie sich beschneiden lassen und glauben, dass der Messias oder Christus noch nicht gekommen sei.“[109] Diese Schrift wächst sich schließlich zu einem von Luthers heftigsten Angriffen gegen die Juden und das Judentum aus. Über den Sabbat hingegen lässt er sich darin kaum weiter aus. Er geht lediglich darauf ein, dass der Teil des Gebotes, der den siebten Tag zum Ruhetag macht, nur für jenes Volk gedacht war, das Gott aus Ägypten herausführte. Der Teil jedoch, der die Gläubigen anhielt, Einkehr zu halten und den Tag zu heiligen, könne universelle Geltung beanspruchen. Und so gelangt er zu dem Schluss: „Darum geht uns Heiden [Nicht-Juden] der siebente Tag nichts an.“[110]

Ulrich Zwingli und Martin Bucer

Zwingli legte sehr viel Wert auf den Sonntag und schaffte – wie auch Luther – den Großteil der Heiligen-Gedenktage und Feiertage ab, die sich im Laufe des Mittelalters herausgebildet hatten. Zentraler Teil der sonntäglichen Messe wurde die Predigt, die jedoch keineswegs nur dem Sonntag vorbehalten war. Die Kommunion wurde nur vierteljährlich gereicht, da Zwingli überzeugt war, dass der einzige Zweck der Kommunion sei, die Gläubigen zeichenhaft an das Opfer Christi zu erinnern. Geschähe dies aber zu oft, ginge seiner Ansicht nach der Sinn verloren. Um die Autorität der Heiligen Schrift über die Kirche und die Tradition herauszustellen, schaffte er die gängige Leseordnung ab und ersetzte sie durch eine fortgesetzte Predigt über ein gesamtes Buch der Bibel (Zwingli selbst begann damit, dass er über den Stammbaum Jesu Christi bei Matthäus predigte!). Selbst an Sonntagen stand nun nicht mehr die Kommunion im Mittelpunkt der Messe, da sie ja nur vier Mal im Jahr gefeiert wurde, sondern die Verkündigung des Gotteswortes in der Predigt. Trotzdem sollten wir eines nicht vergessen: In Zwinglis Gottesdienst wurde die Kommunion seltener gefeiert als in der traditionellen wöchentlichen Eucharistiefeier, doch seine Anhänger nahmen die Kommunion immer noch öfter, als dies im Mittelalter üblich war, wo man die Gläubigen ermahnen musste, wenigstens einmal jährlich, nämlich zu Ostern, zur Kommunion zu gehen. Zwinglis überarbeitete Messordnung wurde 1525, also noch vor der Deutschen Messe Luthers, veröffentlicht. Sie fiel recht streng und asketisch aus, denn er versuchte, sich an die biblischen Vorgaben zu halten, was bedeutete, dass Musik ebenso verboten war wie der Wechselgesang bei der Rezitation der Psalmen. Viele Gläubige, die Zwingli theologisch folgten, waren damit nicht einverstanden. Daher gab es in der Schweiz auch in ansonsten von Zwingli inspirierten Gemeinden durchaus den sonntäglichen Messgesang, ja, es wurden sogar Hymnen extra für diesen Zweck komponiert und veröffentlicht. Während Zwingli selbst also jene nüchterne und asketische Messfeier ohne Musik bevorzugte, die später in den meisten reformierten Gemeinden vorherrschen sollte, folgten ihm seine Anhänger in diesem Punkt nicht durchweg. Ironie des Schicksals ist es wohl, dass viele der Hymnen, die der musikalische Zwingli schrieb, ohne sie zu verwenden, dann nach seinem Tod veröffentlicht wurden.[111]

Martin Bucer, der Reformer von Straßburg, glaubte, dass ein christlicher Staat sich an den Geboten zum Sabbat orientieren müsse, die im Dekalog aufscheinen, und diese auf den Sonntag übertragen solle. Da die Gebote noch einen sogenannten „dritten Gebrauch" hätten, nämlich den, die Gesellschaft anzuleiten im Versuch, dem Bösen Grenzen zu setzen, sollten christliche Herrscher ihren Leitlinien folgen und die Sonntagsruhe für obligatorisch erklären. Bucer gelang es aber nicht, die Behörden in Straßburg davon zu überzeugen, den Sonntag per Dekret zum arbeitsfreien Tag zu erklären. Heinrich Bullinger, der Nachfolger Zwinglis in Zürich, vertrat dort ganz ähnliche Ansichten.

Die Anabaptisten (Wiedertäufer bzw. Täufer)

Bald formierte sich eine neue reformatorische Bewegung, die zuerst in Zwinglis Zürich, später in ganz Zentraleuropa Anhänger gewann. Diese nannten sich „Anabaptisten" oder „Wiedertäufer". Während Luther alle religiösen Praktiken guthieß, die der Heiligen Schrift nicht widersprachen, Zwingli hingegen nur noch das absegnete, was durch die Heilige Schrift explizit gerechtfertigt war, gingen die Anabaptisten einen Schritt weiter und versuchten, ihr Leben ganz am Neuen Testament auszurichten.

Die Anabaptisten vereinfachten den Sonntagsgottesdienst, sodass er weniger formal war. Häufig wurde dabei ein biblischer Text diskutiert, statt von einer Person in der Predigt erläutert zu werden. Höhepunkt war das gemeinsame Abendessen im Gedenken an das Abendmahl Jesu Christi. Dabei saßen die Gläubigen an einem Tisch zusammen. Einige Anabaptisten traten dafür ein, dass der Sonntag ein Ruhetag sein sollte, wie die Bibel dies gebietet. Andere hingegen gingen in ihrer strikten Auslegung biblischer Gebote so weit, dass sie einmal mehr nicht den ersten, sondern den siebten Tag der Woche heiligen wollten. Dieser sollte dann wie geboten auch ein Tag der Ruhe sein.

Wenn wir also von „Sabbatariern", „Sabbatianern" oder „Sabbatisten" sprechen, dann müssen wir streng genommen zwischen zwei verschiedenen Verwendungen dieses Begriffes unterscheiden. Da sind zum einen jene, die darauf bestanden, der Sonntag müsse so begangen werden, wie die Bibel die korrekte Einhaltung des Sabbats beschreibt. In ihren Augen war der Sonntag der neue Sabbat, daher galten für ihn die Regeln, die vormals für den Sabbat galten. Eine andere Gruppe, die wir von nun an als „Siebenten-Tags-Sabbatarier" bezeichnen werden, trat dafür ein, dass der wahre Sabbat nur der siebte Tag der Woche sein könne. Die Heiligung des Sonntags und alle damit zusammenhängenden Bräuche waren in ihren Augen eine Erfindung des Papstes oder Kaiser Konstantins – wenn nicht von beiden.

Das Siebenten-Tags-Sabbatariertum erschien schon zu Beginn der Reformationsbewegung auf der Bildfläche. Luther sprach von einer „Bande von Narren“ in Mähren und später auch in Österreich, die davon ausgingen, der Sabbat müsse nach jüdischem Brauch begangen werden. Ansonsten aber ließ er sich nicht weiter über sie aus. 1538 aber schrieb er einen „offenen Brief“ gegen die „Sabbather“, mit dem wir uns weiter oben bereits auseinandergesetzt haben. Darin greift Luther die Sabbatarier offen an – die, wenn man Luther wörtlich nimmt, nicht nur den siebten Tag heiligen wollten, sondern auch noch die Beschneidung praktizierten.

Die meisten Anabaptisten waren keine Siebenten-Tags Sabbatarier, vielmehr waren sie Sabbatarier nur in dem Sinne, dass sie die Sabbatgebote auch auf den Sonntag angewendet sehen wollten. Einige jedoch gab es, die offen für den siebten Tag als heiligen Tag eintraten. Da die Anabaptistengruppen aber so vielfältig waren und sich außerdem ständig im Wandel befanden, ist es schwer zu sagen, wie sich das Siebenten-Tags-Sabbatariertum in diesem Umfeld entwickelt hat.[112] Über die wichtigsten Verfechter innerhalb der Anabaptistenbewegung allerdings wissen wir mehr. Oswald Glait, ein ehemals lutherischer Pastor, der aus Österreich ausgewiesen worden war, ließ sich in Mähren nieder. Er trat unter der Führung von Balthasar Hubmaier, einem führenden anabaptistischen Theologen, zum Anabaptismus über, brach aber dann mit Hubmaier, da dieser Glaits grundlegend pazifistische Einstellung nicht guthieß. Schließlich wurde Glait zum Sabbatarier, wenn auch nicht klar ist, wann dies genau geschah. Er veröffentlichte ein *Büchlein über den Sabbat*, das leider verloren gegangen ist. Einige seiner Thesen allerdings können wir aus den Pamphleten ableiten, die gegen seine Schrift verfasst wurden. Glait ging davon aus, dass Adam vor dem Sündenfall den Sabbat gefeiert habe wie auch die Patriarchen des Alten Bundes. Adam sei aus dem Paradies vertrieben worden, weil er Gottes Geboten nicht gehorcht habe. Daraus ließe sich ableiten, dass jeder, der das Sabbatgebot missachte, des Paradieses verlustig ginge. Dieser Sabbat aber, der von Gott als Tag der Anbetung bezeichnet worden sei, sei der siebte Tag der Woche. Dies könne und dürfe vom Menschen nicht geändert werden, wie die Päpste es mit der sonntäglichen Messe versucht hätten.[113]

Andreas Fischer war ebenfalls Anabaptist und arbeitete mit Glait zusammen. Auch er trat für den Sabbat am siebten Tag ein und veröffentlichte dazu mehrere Streitschriften.[114] Sein Hauptargument war, dass die Einhaltung des Sabbats zu den Zehn Geboten gehöre, denen der Gläubige zu gehorchen habe. Es sei nämlich Kaiser Konstantin gewesen – so Fischer –, der den Sonntag als heiligen Tag eingeführt habe. Gott selbst hingegen habe den Sabbat als solchen bestimmt.

Auf die Schriften der täuferischen Sabbatarier wurde vielfach eingegangen. Wie bereits erwähnt, gehörte Luther zu ihren vehementen Kritikern, und mit ihm viele andere Führer der Reformationsbewegung. Diese frühe Form des Sabbatariertums starb allerdings bald aus. Nur in Siebenbürgen (Transsylvanien) und umliegenden Gebieten hielten sich Formen davon bis ins 20. Jahrhundert.[115]

Johannes Calvin

Der bedeutendste protestantische Theologe der zweiten Generation war sicher Johannes Calvin. Wie andere Reformatoren beschäftigte sich auch Calvin eingehend mit dem Sonntag und schaffte alle Feiertage ab, die von der feierlichen Begehung des Sonntags möglicherweise abgelenkt hätten. Unter seiner Anleitung erließ der Rat der Stadt Genf 1550 ein Dekret des Inhalts, Gott habe den Sonntag zum Tag der Anbetung erklärt, daher würde er künftig als einziger Feiertag gelten. Dadurch bekam Calvin in Genf die Ablehnung der verschiedenen Sabbatariergruppen zu spüren, aber auch die eines gewissen Colinäus, der meinte, einen Tag zum Tag der Anbetung und Ruhe zu erklären, hieße, die Juden nachzuahmen und die Freiheit des Evangeliums zu beschneiden. Das Resultat war, dass Colinäus in den Kerker geworfen wurde. Die Vorurteile gegen ihn waren so stark, dass Christoph Fabri, der ihn aus Gnade und Barmherzigkeit im Kerker besucht hatte, bald derselben Ansichten beschuldigt wurde.[116] Calvin antwortete auf die Sabbatarier und die Colinäus-Anhänger wie folgt: „Es hat gar nichts mit dem Judentum zu schaffen, wenn wir solche Tage feiern, denn wir unterscheiden uns in dieser Hinsicht von den Juden sehr beträchtlich. Wir behandeln doch den Herrentag nicht wie eine Zeremonie, die wir mit ängstlicher Gewissenhaftigkeit einhielten, etwa weil uns darin ein geistliches Geheimnis abbildlich vor Augen gestellt würde, sondern wir verstehen ihn als ein Mittel, das zur Aufrechterhaltung der Ordnung in der Kirche notwendig ist."[117]

Calvin meint, dass jene, die Paulus im Galaterbrief kritisierte, weil sie so „ängstlich auf Tage, Monate, bestimmte Zeichen und Jahre achteten", dies aus einem bestimmten Grund täten: „So feierten sie nicht deshalb von ihrer Berufsarbeit [frei], weil diese sie heiligem Eifer, heiliger Betrachtung entzog, sondern in einer gewissen religiösen

Scheu, weil sie nämlich träumten, mit ihrem Feiern das Gedächtnis einst hochgerühmter Geheimnisse zu wahren."[118] Und er fährt fort: „Denn weil es zur Abschaffung des Aberglaubens erforderlich war, wurde den Juden ihr heiliger Tag genommen – und weil es zur Wahrung der guten Sitte, der Ordnung und des Friedens in der Kirche nötig war, wurde ein anderer Tag an seine Stelle gesetzt."[119]

Der Austausch des Sabbats durch den „Herrentag" sei von „den Alten" bewusst vorgenommen worden, um den Aberglauben zu bekämpfen und an die Auferstehung des Herrn zu erinnern, die den Beginn der „wahren Ruhe" markiere und damit das eigentliche Ziel. Doch selbst diese Entscheidung ist in Calvins Augen nicht bindend. Er selbst wolle sich keineswegs auf einen bestimmten Tag versteifen, ja nicht einmal auf die Zahl sieben. Und so erklärt er: „Ich will auch keine Gemeinde verdammen, die zu ihren Zusammenkünften andere Tage wählt, wenn es nur ohne Aberglauben geschieht."[120] Doch selbst wenn man das Vierte Gebot als hauptsächlich zeremoniell betrachten wolle, so könne das nicht heißen, dass es nicht eingehalten werden müsse, denn es habe schließlich noch andere Funktionen, die es zu beachten gelte.

Diese anderen Gründe für die Einhaltung des Herrentages seien: Es helfe, den Geist auf die endzeitliche Sabbatruhe auszurichten. Es schaffe daneben Gelegenheit und Muße, um über Gottes Werke nachzusinnen. Und es verhindere schließlich, dass man seine Untergebenen schlecht behandele.[121] Explizit aber wendet sich Calvin gegen all jene, die „in ihrer abergläubischen Heilighaltung des Tages" und „in ihrem groben, fleischlichen Sabbatglauben noch dreimal weiter gehen als die Juden selber".[122]

Calvin treibt die protestantische Konzentration auf die Predigt auf die Spitze, indem er deutlich macht, dass Wort und Sakrament eins sind und nicht getrennt werden können:

Hierdurch erfährt das, was ich anderwärts aufgeführt habe, nämlich dass die rechte Verwaltung des Sakraments nicht ohne das Wort besteht, eine treffliche Bekräftigung. Denn jeglicher Nutzen, der uns aus dem Abendmahl erwächst, erfordert das Wort: ... Darum kann beim Abendmahl nichts Verkehrteres geschehen, als dass man es in eine stumme Verrichtung umwandelt, wie man das unter der Tyrannei des Papstes getan hat. Nach dem Willen der Papisten soll nämlich die ganze Kraft der Weihe (Konsekration) von dem Vorsatz des Priesters abhängen – als ob das das Volk nichts anginge, wo doch gerade ihm dies Geheimnis hätte ausgelegt werden müssen.[123]

Die Verbindung zwischen Wort und Sakrament, die sich vor allem in der Sonntagsmesse zeigt, ist für Calvin so wichtig, dass er sie zum Merkmal der Kirche schlechthin erklärt: „Denn überall, wo wir wahrnehmen, dass Gottes Wort lauter gepredigt und gehört wird und die Sakramente nach der Einsetzung Christi verwaltet werden, lässt sich auf keinerlei Weise daran zweifeln, dass wir eine Kirche Gottes vor uns haben."[124]

Diese enge Verknüpfung zwischen dem Wort Gottes und dem Sakrament führte dazu, dass Calvin versuchte, in Genf die alte Praxis wiedereinzuführen, jeden Sonntag die Kommunion zu reichen. Dies war bei Lutheranern wie Katholiken üblich, in den protestantischen Städten der Schweiz aber wurde darauf verzichtet, was wohl auf Zwinglis Einfluss zurückzuführen ist. Außerdem trat Calvin dafür ein, dass alle Gläubigen nicht nur der Messe beiwohnen, sondern auch die Kommunion empfangen sollten. Auch dies war ein Brauch, der üblicherweise nur von den Katholiken gepflegt wurde. Dazu meint Calvin: „Was wir bisher von diesem Sakrament ausgeführt haben, zeigt mehr als genugsam, dass es nicht dazu eingesetzt ist, um einmal im Jahr empfangen zu werden. [...] Es unterliegt nämlich nicht dem geringsten Zweifel, dass damals (um die Wende des 2. und 3. Jahrhunderts) den Gläubigen das Heilige Abendmahl jedes Mal vorgelegt wurde, wenn sie sich zur Versammlung beieinander fanden. [...] Mindestens jede Woche einmal hätte der Versammlung der Christen der Tisch des Herrn bereitet werden müssen, dann hätte man die Verheißungen erklären sollen, die uns am Tisch des Herrn geistlich zu nähren bestimmt sind.“[125]

Hierin aber folgte der Genfer Stadtrat Calvin nicht. Er entschied sich vielmehr für die Praxis, die Zwingli in Zürich eingeführt hatte. Obwohl Calvin selbst also der Auffassung war, dass die Kommunion ein unverzichtbarer Bestandteil der sonntäglichen Messe sein sollte, war dies nicht die Erfahrung all jener Menschen, die nach Genf kamen und den Calvinismus von dort aus nach ganz Europa trugen. In Schottland forderte der Reformer John Knox, dass die Kommunion mindestens einmal monatlich gereicht werden sollte. Doch auch der Rat der Church of Scotland beschloss 1562 nur, dass die Kommunion in Städten vier Mal pro Jahr, in kleineren Städten mindestens zwei Mal pro Jahr gereicht werden solle. Ein Jahrhundert später war es unter den schottischen Presbyterianern und den Separatisten unter den englischen Puritanern üblich, nur einmal im Jahr zu Kommunion zu gehen.

Während die lutherische Tradition also die Bedeutung der Predigt stärkte, sie aber nicht im Konflikt mit der wöchentlichen Kommunion sah, und Calvin durchaus ins selbe Horn stieß, lief in den reformierten Traditionen ein anderer Prozess ab: die Konzentration der sonntäglichen Anbetung auf das Wort und die Feier der Kommunion nur in unregelmäßigen Abständen, und auch dies eher selten.

Die Church of England

Als die Church of England begann, ihre eigenen Lehren zu entwickeln, gründete sie ihre Sicht des Sabbats und seiner Beziehung zum Vierten Gebot auf die Unterscheidung zwischen Zeremonial- und Moralgesetz. Dies zeigt sich sehr deutlich im Katechismus von Erzbischof Thomas Cranmer, der 1543 herausgegeben wurde:

> *Wie St. Austin [Hlg. Augustinus] sagte: Die anderen neun Gebote sind Moralgebote und gehören damit nicht nur den Juden und den Menschen des Alten Testaments, sondern allen Christenmenschen im Neuen Testament. Das Sabbatgebot aber, insofern es die Rast von körperlicher Arbeit am siebenten Tag angeht, ist rein zeremonial und gilt insofern für die Juden des Alten Testaments vor dem Kommen Christi. Uns, die Christen des Neuen Testaments, betrifft es nicht. Insofern es aber die geistliche Rast angeht, also das Abstehen von den sinnlichen*

Werken des Fleisches und allen anderen Sünden, ist und bleibt es ein Moralgebot, das alle bindet, die zu Christus stehen. Und zwar nicht nur für den siebenten Tag, sondern für alle Tage, Stunden und Zeiten überhaupt. Denn wir sind zu jeder Zeit gehalten, von unserem fleischlichen Willen und Vergnügen abzustehen und von allen Sünden und bösen Wünschen ... Was heißt, dass – obwohl alle Christenmenschen durch dieses Gebot gebunden sind – der Sabbat, den wir heute den Samstag nennen, nicht mehr vorgeschrieben ist, wie er es den Juden war, und daher eingehalten werden müsste; statt des Sabbattages folgte der Sonntag zum Gedächtnis von Christi Auferstehung. Und das gilt auch für viele andere heilige und Festtage, die die Kirche von Zeit zu Zeit angeordnet hat. Wir nennen diese „heilige Tage“, nicht weil Gott etwa einen Tag besser fände als einen anderen oder weil er von sich aus heiliger wäre als ein anderer, sondern weil die Kirche befohlen hat, dass wir uns an diesem Tag ganz und ohne jede Zurückhaltung heiligen Werken widmen in der Art, wie wir sie zuvor aufgeführt haben.[126]

Kurz zusammengefasst

Wenn wir uns innerhalb unserer kleinen Geschichte des Sonntags mit der Reformation beschäftigen, fallen vor allem folgende Punkte auf:

Die tiefgreifendste Veränderung ist sicher, dass die Messe fortan auch in der Volkssprache gehalten wird. Hier steht die Einbindung in die örtliche Kultur im Widerspruch zum universellen Gleichklang. Während die Protestanten die Verwendung der Volkssprache vorzogen und die Messe der örtlichen Kultur anpassen wollten, schlug die katholische Kirche einen anderen Weg ein – und führte diesen bis ins 20. Jahrhundert fort, als das Zweite Vatikanische Konzil mit den protestantischen Reformern früherer Zeiten gleichzog. Die Veränderungen auf protestantischer Seite führten dazu, dass die Gläubigen dort stärker an der Messe teilhaben konnten. Bei den Reformierten und den Anabaptisten wurden dementsprechend die Formen der Anbetung vereinfacht, um alle Menschen anzusprechen.

Zweitens ist anzumerken, dass zwar einige protestantische Strömungen – vor allem in der reformierten Tradition – die Kommunion seltener feierten als vorher. Andererseits aber nahm der Empfang der Kommunion durch Laiengläubige im Allgemeinen zu.

Drittens führten die protestantischen Bemühungen, den kirchlichen Kalender zu vereinfachen, indem sie zahlreiche Heiligengedenktage und andere Festtage abschafften, dazu, dass dafür der Sonntag stärker in den Vordergrund rückte.

Viertens bewirkte der Wunsch, die Laiengläubigen in den grundlegenden protestantischen Lehren zu unterweisen, dass die Predigt an Bedeutung gewann, vor allem die Predigt als Auslegung der Schrift. Diese Art der Predigt wurde von nun an jeden Sonntag gehalten und häufig auch an Werktagen.

Fünftens war der Großteil der protestantischen Reformer der Ansicht, dass die frühe Kirche die Heiligung des siebenten Tages – des jüdischen Sabbats – durch die feierliche Begehung des ersten Tages – des Sonntags oder Herrentages – ersetzt hatte. Katholischen Kritikern diente dies als Argument, dass selbst Protestanten mitunter die Autorität der Kirche über die der Heiligen Schrift stellten.

Sechstens gingen viele Protestanten davon aus, dass die Wahl des ersten Tages willkürlich war, einfach weil dieser Tag sich aus praktischen Gründen besser dazu eignete, ihn der Ruhe und Anbetung zu widmen. Es gibt zwar einige Verweise auf den Sonntag als den Tag der Auferstehung, doch sind diese für die Reformatoren bei Weitem nicht so wesentlich wie für die frühen Kirchen. Andere Gruppierungen, vor allem die verschiedenen Strömungen der Anabaptisten, waren hingegen der Auffassung, dass die Wahl des Tages nicht willkürlich getroffen werden dürfe, weil Gott es anders geboten habe. Diese Gruppen traten also dafür ein, dass man den siebten Tag heiligte und nicht den ersten.

Siebtens galt der Ruhetag als Zeichen zur Erinnerung an die Tatsache, dass kein Menschenwerk die Gnade Gottes verdienen könne. Indem man an diesem Tag von allen Tätigkeiten absah, erkannte man an, dass selbst die besten Werke der Wohltätigkeit oder des Gehorsams nichts waren verglichen mit dem Wirken von Gottes Gnade. Luther und andere protestantische Theologen fürchteten, dass die Einhaltung der Sonntagsruhe und der Besuch der Messe missdeutet werden könnten als ein Werk, mit dem man sich die Gnade des Herrn zu sichern vermochte.

Achtens waren sich die Reformer untereinander nicht einig, bis zu welchem Grad der Sonntag mit dem Vierten Gebot (das nach katholischer Zählung ja das dritte ist) verknüpft sei. Gewöhnlich ging man davon aus, dass dieses Gebot eine moralische und eine zeremonielle Seite habe. Als Moralgesetz war es von allen Christen zu beachten, die diesen Tag der Ruhe und der Besinnung auf Gott zu widmen hatten. Als Zeremonialgebot aber verwies es nur zeichenhaft auf das Kommen Christi und hatte im Rahmen des Neuen Testaments also jede Bedeutung verloren.

Neuntens führte dies dazu, dass einige Protestanten, vor allem im Rahmen der reformierten Tradition, sich die Auffassung zu eigen machten, dass „der dritte Gebrauch des Gesetzes“, nämlich die Ordnung der ganzen Gesellschaft nach Gottes Willen, vorschreibe, dass die zivilen Autoritäten den Sonntag per Gesetz zum Ruhetag erklären sollten.

Außerdem schien in den meisten Diskussionen zum Ruhetag – ob mit diesem nun der Samstag oder der Sonntag gemeint war – eine neue Idee auf, die manchmal nur am Rande, manchmal aber auch ganz zentral präsentiert wurde: Man hielt den Tag der Ruhe auch für gerecht, weil er die Ausbeutung all jener verhinderte, die sich ihr Brot durch Lohnarbeit verdienen mussten.

14
Britischer Puritanismus und der Sabbat

Was bisher geschah

Die vorangehenden Kapitel zeichnen einen Prozess nach, in dessen Verlauf der Tag des Herrn – oder *dominica*, wie die Lateinischsprachigen ihn nannten – immer stärker mit dem Sabbat und dem Vierten Gebot in Verbindung gebracht wurde. Dieser Prozess nahm an Fahrt auf, als Konstantin der Große den Sonntag zum Ruhetag erklärte. Vor dieser Zeit hatten die Christen – vor allem die Heidenchristen – keine Gelegenheit gehabt, einen Ruhetag einzulegen, außer dieser war durch das römische Recht angeordnet. Nun aber war der *dominica* ein offizieller Ruhetag, und so begannen Staat und Kirche, hierzu Verordnungen zu erlassen, die diesen Tag häufig mit dem Gebot der Sabbatruhe verknüpften. Untermauert wurde dies teils durch theologische Erklärungen, denen zufolge der Sonntag an die Stelle des Sabbats getreten sei, so wie die Kirchen nun den Platz der Synagogen eingenommen hätten. Dieser Anspruch wurde weniger in der antiken Frühkirche erhoben als im Mittelalter. Damit stellt sich natürlich eine andere Frage: Wenn man das Sabbatgebot als Leitlinie für den Tag nimmt, den man Gott widmet, wäre es dann nicht angemessen, dessen Gebot auch bei der Auswahl des Tages zu folgen?

Müsste dann nicht der siebte Tag statt des ersten geheiligt werden? So zumindest war die Argumentation der Siebenten-Tags-Sabbatarier, die wir im letzten Kapitel kennengelernt haben und mit denen wir uns im nächsten Kapitel weiter beschäftigen werden. Die Antwort der meisten Theologen – katholisch wie protestantisch – gründete sich auf eine Unterscheidung, die seit langer Zeit existierte und die wir bereits bei Thomas von Aquin finden. Es wird unterschieden zwischen Moralgesetz und Zeremonialgesetz. Letzteres gilt als Verweis auf den Messias und ist mit seinem Kommen nicht länger bindend, wohingegen das Moralgesetz allgemeine Gültigkeit beanspruchen kann. Der Großteil der Theologen des 16. Jahrhunderts sah das Sabbatgebot als teils moralisch, teils zeremoniell bedingt. Als Zeremonialgesetz sähe es die feierliche Begehung des siebten Tages vor, daher sei dieses Gebot nicht mehr gültig. Als Moralgesetz ordne es einen allgemeinen Ruhetag an, sowohl aus Gründen der gerechten leiblichen Rast als auch um der Beschäftigung mit geistlichen Dingen willen.

Doch die Reformer waren sich keineswegs einig, wie dieses Gebot befolgt und angewandt werden sollte. Luther und seine Anhänger fürchteten, dass bei übermäßiger Betonung der Sonntagsruhe erneut die Vorstellung belebt werden könnte, der Mensch könne sich über die Einhaltung der Gebote rechtfertigen. Aus diesem Grund widersprach Luther selbst Karlstadt, der meinte, das „Werk“ des Ruhetags sei das Nichts-Tun, denn Luther fürchtete, dass das Nichtstun nur eine weitere, wenn auch subtilere Form sei, sich scheinbare Verdienste zu erwerben. Im Gegensatz dazu neigten die Theologen der reformierten Strömungen dazu, das Gesetz nicht nur auf das Leben der Christen angewendet sehen zu wollen, sondern es auf die Gesellschaft als Ganzes zu beziehen. Zwingli, Bucer, Bullinger und Calvin suchten, wenn auch mit unterschiedlicher Dringlichkeit, die zivilen Autoritäten zu überzeugen, die Sonntagsruhe per Dekret vorzuschreiben. Und dann gab es da noch die Siebenten-Tags-Sabbatarier, die meist Anabaptisten waren und darauf bestanden, das Sabbatgebot sei in seiner Gänze Moralgesetz und müsse deshalb auch so gehalten werden – was wiederum bedeutete, dass man nicht den ersten Tag der Woche als Feiertag betrachtete, sondern den siebten.

Die frühen britischen Sabbatarier

Wenn wir nun die Britischen Inseln betrachten, können wir dort wichtige Entwicklungen feststellen.[127] Im Anfangsstadium der Anglikanischen Kirche versuchte man in erster Linie, Praktiken zu reformieren, die nicht im Einklang mit der Heiligen Schrift standen. Den Rest ließ man unangetastet und verfolgte damit eine ähnliche Politik wie Luther auf dem Kontinent. Während der Herrschaft von Maria I. Tudor, auch „die Katholische" genannt, flohen die Anglikaner vor der Verfolgung auf den Kontinent. Sie ließen sich in Genf nieder, in den Niederlanden und in anderen protestantischen Zentren, in denen die reformierte Theologie vorherrschte. Als Maria starb und Elisabeth I. ihr auf den Thron folgte, kehrten die Exilanten in ihr Heimatland zurück und brachten ein eher calvinistisches als lutherisches Selbstverständnis mit. Ganz ähnlich war es in Schottland, wo der Reformer John Knox hatte fliehen müssen. Knox begab sich nach Genf, wo er Calvin kennenlernte.

Als die protestantischen Theologen in ihr Heimatland zurückkehrten, genügten ihnen die gemäßigten Reformen nicht mehr, welche die Church of England umgesetzt hatte. Sie waren zutiefst überzeugt davon, dass die Kirche von den Verkrustungen gereinigt werden müsse, die sich ihr im Laufe der Jahrhunderte angelagert hatten – prächtige Messgewänder, liturgische Praktiken, Orgelmusik, mächtige Bischöfe im Dienste der Krone und so weiter. Aus diesem Grund nannte man sie „Puritaner", weil sie sich die „purification", die Reinigung der Kirche auf die Fahnen geschrieben hatten. Als echte Calvinisten waren sie davon überzeugt, dass nicht nur die Kirche, sondern die gesamte Zivilgesellschaft von Gottes Gesetz gelenkt werden sollte, welches sich in der Heiligen Schrift offenbarte. Unter der Herrschaft von Elisabeth I. beschnitt man ihren Einfluss weitgehend, ja unterdrückte die radikale Bewegung zeitweise sogar. Doch die Bewegung blieb bestehen und fand in Schottland bald erheblichen Zulauf. Dies führte dazu, dass die katholische Maria Stuart nach England fliehen musste, wo ihre Cousine Elisabeth I. sie hinrichten ließ. Doch die allgemeine Unruhe blieb nicht auf Schottland begrenzt. Auch in England kam es zum Bürgerkrieg zwischen königstreuen Kräften und Puritanern. Im Verlaufe der Puritanischen Revolution wurde der englische König Charles I. 1649 enthauptet.

Obwohl es auch unter den Puritanern keine einheitliche Meinung gab, traten sie gemeinsam dafür ein, die Kirche und die Zivilgesellschaft so zu reformieren, dass beide dem Gebot Gottes gehorchten. Dazu gehörte auch die erzwungene Einhaltung des „Sabbat" durch die Gläubigen. Mit „Sabbat" allerdings meinten die Puritaner nicht den siebten

Tag der Woche, den wir als Samstag kennen, sondern den ersten, den Sonntag. Sie waren also zwar unerbittliche Sabbatarier, aber keineswegs Siebenten-Tags-Sabbatarier.

Dies erklärt sich in erster Linie aus sprachlichen Entwicklungen und der Bedeutung des englischen Wortes „sabbath", mit denen wir uns jetzt beschäftigen wollen. Im Mittelalter hieß es ja häufig, der Sonntag habe den Platz des Sabbats eingenommen. Doch dabei bezeichnete man den Sonntag keineswegs mit dem lateinischen Begriff *sabbatum*. Das wäre auch zu verwirrend gewesen, hieß doch schon der Tag vor dem Sonntag (*dominica*) so. Dasselbe gilt für die meisten romanischen Sprachen und auch für das Griechische, wo sich der Name für den siebten Tag der Woche vom Sabbat ableitete. Was würde sich ein Spanier denken, wenn man ihm erzählte, dass der *domingo* (Sonntag) der *sábado* sei? Was wäre dann mit dem echten *sábado* (Samstag)? Im Englischen aber lagen die Dinge anders, weil hier die Bezeichnung für den Samstag sich nicht vom Begriff „Sabbat" ableitete. Wer sich für solche sprachgeschichtlichen Fragen interessierte, wusste ja ohnehin, dass beim *saturday* der „Saturn" Pate gestanden hatte. Und für die anderen war dies einfach der Samstag und damit Schluss. Daher war es hier einfacher, den Begriff „Sabbat" auf den Sonntag zu übertragen. Man könnte wohl sagen, dass dies der Endpunkt der schon recht früh vertretenen Auffassung war, der Tag des Herrn – *dominica* – solle den Platz des jüdischen Sabbats einnehmen. Nun hatte der Sonntag sogar dessen Namen übernommen.

Aus diesem Grund wurden die englischen und schottischen Sabbatarier nicht unbedingt zu Siebenten-Tags-

Sabbatariern. Sie bestanden vielmehr darauf, dass man am Sonntag – den man in diesem Kontext für gewöhnlich schon „Sabbat" nannte – so viele der für den Sabbat eingeführten Gebote wie möglich einhalte.

So war der Gebrauch des Wortes „Sabbat" für den Sonntag schon üblich, bevor sich der Puritanismus entwickelte. Zum Beispiel finden wir in den 1547 veröffentlichten *Certain Sermons Appointed by the King's Majesty* (Einige Predigten, die von Seiner Majestät für gut befunden wurden), die von 1548 an in allen Kirchen vorgetragen wurden, folgende Unterscheidung: „Im Hinblik auf die Orte, wo das Volk GOTTES sich versammeln und insbesondere den Sabbat-Tag heiligen soll, also den Sonntag, den Tag der heiligen Ruhe ..."[128] Und Bischof John Hooper erklärt in einer seiner frühen Schriften: „Dieser Sonntag, den wir feierlich begehen, geht nicht auf ein menschliches Gebot zurück, wie viele meinen, ... sondern es ist ausdrücklich im Wort geboten, dass wir diesen einen Tag [den Sonntag] als unseren Sabbat heiligen sollen."[129]

Was nach Hoopers Meinung aber am Sabbat/Sonntag erlaubt war und was nicht, trug ganz klar den Stempel der reformierten Theologie, war Hooper doch unter Heinrich VIII. nach Zürich ins Exil gegangen. Er nahm vieles von dem vorweg, was später von den Puritanern gefordert werden sollte, vor allem, was das Gesetz Gottes als Grundlage der gesellschaftlichen Ordnung betraf. Hier ein für ihn typischer Kommentar zum Sabbatgebot: „Die Ruhe und Gelassenheit des Sabbats aber für Sport, Spiel und anderen Zeitvertreib zu missbrauchen, für Märkte und Messen, die man an jenem Tage hält, heißt, den Sabbat zu schmähen."[130]

Und auch diese Ansichten entspringen nicht Hoopers eigenem Ingenium. Tatsächlich hatte sich in England eine lange Tradition von Vorschriften herausgebildet im Hinblick darauf, wie der Sonntag gebührend zu begehen sei. Viele andere Kleriker, die unter der Herrschaft Heinrichs VIII. und Edwards VI. an der Reformation der Kirche arbeiteten, vertraten eine ähnliche Meinung. Das galt zum Beispiel für Hugh Latimer. Sowohl Hooper als auch Latimer gehörten zu jenen, die Maria I. Tudor zum Tode verurteilte, um England wieder in den Schoß der römisch-katholischen Kirche zurückzubringen. Doch bei ihrer Verurteilung spielten ihre recht strengen Auffassungen vom Sabbat keine Rolle. Während also in der ersten Hälfte des 16. Jahrhunderts die Führer der Reformation in England an einem Sabbatariertum Hooper'scher Prägung festhielten, war dies offensichtlich kein Grund für eine öffentliche Debatte. Diese Auffassung galt nämlich keineswegs als neu oder revolutionär, sondern nur als Bestehen auf einem höheren sittlichen Maßstab.

Setzt man sich mit den vielen Predigten, Lesungen und Traktaten auseinander, in denen in den frühen Jahrzehnten der englischen Reformation die Einhaltung des Sabbatgebotes gefordert, erläutert und dargelegt wurde, dann treten vor allem drei Punkte in den Vordergrund. Da ist erstens die Verbindung des Sabbats mit der Schöpfung. Diese Verbindung, die im Dekalog ausdrücklich genannt wird, zeigt, dass die Heiligung des Sabbats kein verzichtbares Zeremonialgesetz ist, sondern Teil der Schöpfungsordnung und damit ein Moralgesetz, das für alle gilt. Zweitens sind sich fast alle einig, dass die Einhaltung des Sabbats zwar ein universelles Gebot ist, das sich jedoch nicht auf den Tag beziehe, an dem die Juden ihn feiern. Es seien die Apostel gewesen, die aufgrund göttlicher Inspiration beschlossen, den Sabbat-Tag vom siebten auf den ersten Wochentag zu verlegen. Einige Autoren bringen den Sonntag mit der Auferstehung Jesu in Verbindung, wie man dies in der frühen Kirche tat, doch wird dies in den Diskussionen nicht zum beherrschenden Thema. Was drittens jedoch besonders interessant ist, ist die Tatsache, dass die Einhaltung des Sabbatgebotes am Tag des Herrn (Sonntag) einer detaillierten und zwingenden Gesetzgebung bedarf.

Tatsächlich standen die frühen britischen Sabbatarier im Einklang mit den späteren puritanischen Sabbatariern – tatsächlich heißt es ohnehin häufig, sie seien die Vorläufer eines voll ausgebildeten Puritanismus gewesen.

Wachsende Auseinandersetzungen

Erst gegen Ende des 16. Jahrhunderts wurde die Frage des Sabbats – also des Sonntags – zum Gegenstand heftiger Kontroversen und zum Spielball politischer Kräfte. Die letzten Dekaden dieses Jahrhunderts waren geprägt von der zunehmenden Furcht vor dem Presbyterianertum. In Königin Elisabeths Augen musste man den Blick ja nur auf die schottischen Nachbarn richten, um festzustellen, dass presbyterianische Ideen nur zu Chaos und Aufstand führten. Beides endete schließlich mit dem Sturz und dem Exil von Maria Stuart. Eine Kirche, die von Bischöfen geführt wurde, die quasi Staatsbeamte waren, wurde als Stützpfeiler der Monarchie betrachtet. Eine von Presbytern (den älteren Gemeindemitgliedern) geführte Kirche konnte sich leicht zum subversiven, ja zerstörerischen Element für die politische Ordnung entwickeln. Viele Briten kehrten zu Beginn von Elisabeths Regentschaft aus dem Exil zurück und brachten Ideen mit, die sie von reformierten Theologen wie Zwingli und Calvin gehört hatten. Im benachbarten Schottland hatte sich daraus der Presbyterianismus entwickelt, der zu politischen Unruhen und schließlich zur Revolution geführt hatte. Die Anglikanische Kirche Englands hingegen nahm zwar viele Ideen der reformierten Theologie auf, blieb jedoch in ihrer Struktur streng bei der episkopalen Ordnung. Die zahlreichen Strafaktionen gegen Presbyterianer verstärkten diese Haltung noch. Das ging so weit, dass 1607 ein Verteidiger der episkopalen Ordnung und der Monarchie prahlen konnte, der Presbyterianismus sei in England quasi ausgerottet – die folgenden Jahrzehnte sollten beweisen, dass er sich diesbezüglich gründlich getäuscht hatte.

1595 veröffentlichte Nicholas Bound, ein Priester in einem Städtchen bei Cambridge, dessen presbyterianische Neigungen bekannt waren, einen Traktat, der als Brief an die „gottesfürchtigen und christlichen Leser“ verfasst war. Er trug den Titel *The Doctrine of the Sabbath Plainly Layde Forth* (Die Lehre vom Sabbat klar dargelegt). John Whitgift, der Erzbischof von Canterbury, versuchte, die Veröffentlichung zu hintertreiben. Zumindest gelang es ihm, 1597 eine zweite Auflage zu verhindern. Wir wissen nicht genau, was Whitgift zu solchem Handeln animierte, doch wahrscheinlich spielten Bounds presbyterianische Neigungen in dem Konflikt eine gewisse Rolle. Wie auch immer, an diesem Punkt wurde das Sabbatariertum zum Ausgangspunkt einer erbitterten Kontroverse. Thomas Rogers, ein streng anti-presbyterianischer Priester, hielt eine Predigt, in der er versuchte, das Sabbatariertum mit dem Presbyterianismus zu verknüpfen.

Bound antwortete 1606 mit einem noch umfangreicheren Pamphlet, auf das Rogers im Folgejahr mit einem ausführlichen Traktat antwortete, in welchem er darlegte, warum er auf der Grundlage der Neununddreißig Artikel der Church of England sowohl gegen das Sabbatarier- als auch gegen das Presbyterianertum war.[131]

Der zentrale Streitpunkt zwischen Bound und Rogers war nicht, ob der Sabbat am Sonntag gefeiert werden solle, denn darin waren sich beide einig. Es ging vielmehr um den Grund, warum dies so gehandhabt werden sollte. Bound und viele andere britische Sabbatarier gingen davon aus, dass der Wandel vom siebten zum ersten Tag von den Aposteln aufgrund göttlicher Inspiration vorgenommen worden war. Manche waren gar der Ansicht, Christus selbst hätte diesen Wandel verursacht, weil er für seine Auferstehung den Sonntag gewählt habe. Rogers hingegen meinte, dies habe mit Fug und Recht die Kirche verfügt. (An dieser Stelle sollten wir uns daran erinnern, dass diese Streitfrage nicht neu war. Sie war schon in der Auseinandersetzung zwischen Katholiken und Protestanten aufgekommen, wobei die Katholiken anführten, dass die Feier des Sabbats am Sonntag von der Kirche so bestimmt worden war. Dies bewies in ihren Augen, dass die Kirche die Autorität besäße, die Heilige Schrift zu interpretieren und zu bestimmen, wie sie ausgelegt werden sollte.)

Worum es bei diesem Streit ging, war nicht mehr und nicht weniger – zumindest aus Rogers Sicht – als die Autorität der Kirche und damit des Bischofs und damit der Krone. Rogers war überzeugt, die Sabbatarier seien verkappte Presbyterianer, die zwar „keine Presbyterien aufbauen ... aber ein neues Idol einführen, ihren Heiligen Sabbat."[132]

Die Auseinandersetzung wurde immer schärfer geführt. Tomas Fuller, ein späterer Historiker, meinte gar, „der Sabbat selbst hat keine Ruhe mehr“.[133] Das allerdings hatte schlimme Folgen. Der Versuch, den Presbyterianismus zu diskreditieren, indem man ihn mit dem Sabbatariertum verknüpfte, hatte den gegenteiligen Effekt: Nun entwickelten auch die anglikanischen Sabbatarier eine gewisse Neigung zum Presbyterianertum. Anders als Erzbischof Whitgift so triumphierend erklärt hatte, untergruben die Presbyterianer nicht nur das bischöfliche Amt, sondern die Monarchie als solche.

John Primus drückt dies höchst prägnant aus: „Das Sabbatariertum war keine radikale Bewegung mit versteckten revolutionären Plänen, die von frustrierten Presbyterianern ausgeheckt worden wären [...] Die Anti-Sabbatarierbewegung aber war eine unnötige Reaktion auf diese sehr gemäßigte Bewegung [...] Der Anti-Sabbatarianismus trieb die Sabbatarier den Puritanern in die Arme und war daher ebenso verantwortlich für die zunehmende Polarisierung der englischen Protestanten im siebzehnten Jahrhundert.“[134]

Man kann also durchaus behaupten, dass es Rogers Fehler gewesen sei, das Sabbatariertum mit den Presbyterianern in Verbindung zu bringen. Das Sabbatariertum – im Sinne der feierlichen Begehung des Sabbats am Sonntag mit all seinen Regelungen und Riten – gehörte gleichsam zur DNS der englischen Reformation. Wie wir gesehen haben, gab es sabbatarische Ideen schon bei frühen englischen Protestanten wie Hooper und Latimer. Die Sabbatarier mit den Presbyterianern in einen Topf zu werfen, indem man nur die Anti-Sabbatarier zu loyalen Anglikanern erklärte, bereitete die Bühne für die schlimmen Auseinandersetzungen des 17. Jahrhunderts.

Der Sabbat: Eine Revolution verordnet Ruhe

Das 17. Jahrhundert in England ist bekanntlich von der puritanischen Revolution gezeichnet, die schließlich zur Hinrichtung von König Charles I. führte. Während die Puritaner an der Macht waren, versuchten sie, den Tag des Herrn zu heiligen, indem sie dessen feierliche Begehung per Gesetz vorschrieben. 1644 erließ das Lange Parlament – das wegen des Bürgerkriegs mehr als zwanzig Jahre lang bestand – ein Gesetz als Reaktion auf „verschiedene wenig fromme Bücher, [die] von der Prälatenfraktion [womit all jene gemeint sind, die die Bischöfe und Prälaten unterstützen] gegen die Moral dieses Tages veröffentlicht wurden: Um der Profanierung desselben Einhalt zu gebieten, um die Seelen nicht mehr länger der Gefahr auszusetzen, um der wahren Religion keinen Abbruch zu tun, um den Allmächtigen Gott nicht zu entehren und seinem gerechten Zorn und seiner Wut auf dieses Land zuvorzukommen."[135]

Diese Worte zeigen, mit welchem Ernst die Puritaner darauf achteten, dass der Tag des Herrn eingehalten wurde: Da das Vierte Gebot ein Moralgesetz sei, gelte es für die gesamte Menschheit. Ihm nicht zu gehorchen, hieße, sein Seelenheil zu gefährden, ja noch mehr: Wer es nicht getreulich einhalte, riskiere, dass der Zorn Gottes die gesamte Nation treffe! Es ging somit nicht nur um die Kirche, sondern um die weltliche Herrschaft. Man nahm die Konzentration der reformierten Theologie auf die Gesellschaft als Ganzes und trieb diese auf die Spitze. Nun sah der „dritte Gebrauch des Gesetzes“ so aus, dass die zivile Gesetzgebung die gesamte Gesellschaft zwingen sollte, das Gebot genauso zu halten, wie es im Dekalog formuliert war. Dies galt vor allem für das Vierte Gebot, das in den Augen der Puritaner so sträflich vernachlässigt wurde. Wie so häufig ging dieses Argument mit einer politischen Agenda einher, welche die Macht der „Prälatenfraktion“ schmälern und damit die Monarchie selbst schwächen sollte.

Doch zurück zum Gesetz, welches das von den Puritanern unter Druck gesetzte Parlament verabschiedete, um diesen Umtrieben zuvorzukommen. Man ordnet an, dass

> *... kein Mensch und keine Menschengruppe am Tag des Herrn Güter und Handelswaren, Früchte und Kräuter, andere Erzeugnisse oder sonstiges Hab und Gut öffentlich ausrufen, ausstellen oder darbieten darf. [...] Kein Mensch und keine Menschengruppe soll an diesem Tag ohne vernünftigen Grund reisen, Lasten tragen oder andere weltliche Tätigkeiten verrichten, welcher Art auch immer [...] Kein Mensch und keine Menschengruppe soll am Tag des Herrn etwas von den folgenden Dingen nutzen, tun oder bei deren Nutzung zugegen sein: Ringen, Schießen, Bowling, Glockenspiel zum reinen Vergnügen und zum Zeitvertreib, Maskenspiele, Patronatsfeste, Bierfeste auf dem Kirchanger, Tanz, Spiel, Sport und anderer Zeitvertreib.*[136]

Für jede dieser möglichen Übertretungen und für viele weitere setzte dieses Dekret eine bestimmte Strafe fest, die meist aus Bußgeldern, mitunter aber auch aus der

Beschlagnahmung von Waren oder anderem Besitz bestand. Wenn ein Kind etwas tat, das die Heiligkeit des Herrentages verletzte, mussten jene, die für das Kind die Verantwortung trugen, die Strafe übernehmen. Andererseits erlaubte das Parlament auch gewisse Tätigkeiten, als Zugeständnis an die Bedürfnisse der Bevölkerung:

> *die Zurichtung von Fleisch in Familien, die Zurichtung und den Verkauf von anderen Lebensmitteln in maßvoller Weise in Gasthäusern und Garküchen, damit Menschen etwas zu essen haben, die sich anderweitig nicht verproviantieren können; das Ausrufen und Anbieten von Milch vor neun Uhr morgens oder nach vier Uhr abends, vom zehnten September bis zum zehnten März; oder vor acht Uhr morgens und nach fünf Uhr abends vom zehnten März bis zum zehnten September.*[137]

Von diesem Tag an erließ das Lange Parlament immer wieder ähnliche Gesetze, die noch detaillierter ausführten, was unter Strafe stand, und verschärfte diese Strafen sogleich drastisch. So wurde das Reiseverbot zwölf Jahre später konkretisiert: „Verwendung oder Nutzung von Booten, Fähren, Jollen, Schuten, Prähmen, Pferden, Kutschen, Sänften, um darin zu reisen oder etwas zu transportieren an dem vorher angesprochenen Tage".[138]

Diese Gesetze, die bestimmte Tätigkeiten am Tag des Herrn verboten, wurden begleitet von einem „Wegweiser" für Anbetung und Frömmigkeit, sowohl privater als auch gemeinschaftlicher Natur. Dieser wurde vom Parlament 1644 veröffentlicht und verdient es, ausführlich zitiert zu werden:

Der Tag des Herrn sollte so im Voraus bedacht werden, dass all unsere alltäglichen weltlichen Verrichtungen so geordnet werden, dass sie rechtzeitig und wohlangebracht beiseitegelassen werden können, damit sie die wahre Heiligung dieses Tages nicht stören, sobald er anbricht.

Der gesamte Tag wird gefeiert, weil er dem Herrn heilig ist, und zwar öffentlich ebenso wie privat, und weil er der christliche Sabbat ist. Zu diesem Zweck ist es erforderlich, dass den ganzen Tag über die Rast beachtet wird, ein heiliges Innehalten erfolgt von allen unnötigen Arbeiten. Desgleichen wird Abstand genommen nicht nur von Sport und Zeitvertreib, sondern von allen weltlichen Worten und Gedanken.

Die Mahlzeiten an diesem Tag sollen so geordnet werden, dass auch die Dienerschaft nicht unnötig von der heiligen Messe abgehalten wird. Auch sollen andere Personen nicht daran gehindert werden, diesen Tag zu heiligen.

Außerdem soll sich jeder Mensch und jede Familie darauf vorbereiten und im Gebet für sich selbst, aber auch um Gottes Beistand und Segen für den Seelsorger bitten. Durch solche und andere heilige Übungen soll jeder sich vorbereiten, damit er in der Messe leichter zur Verbundenheit mit Gott findet.

Des Weiteren sollen alle Menschen so zeitig zur Kirche kommen, dass die gesamte Gemeinde beim Beginn der Messe vollständig versammelt ist und sich in allen Teilen der Messe einen Herzens feierlich zusammenfindet. Es soll auch keiner gehen, bevor nicht der Segen erteilt wurde.

Die Zeit, die neben der feierlichen Zusammenkunft der Gemeinde noch übrig ist, soll verbracht werden mit Lesen, Kontemplieren und nochmaligem Repetieren der Messe. (Vor allem soll die Familie zusammengerufen und befragt werden, was jeder Einzelne von der Messe verstanden hat, danach sollen alle darüber katechetisch belehrt werden.) Des Weiteren soll man die Zeit verbringen mit heiligen Zusammenkünften, Gebeten um Segen für öffentliche Belange, Singen der Psalmen, Besuchen der Kranken, Beistand für die Armen und anderen Pflichten der Frömmigkeit, Barmherzigkeit und Gnade, sodass der Sabbat ein Tag der Freude werde.[139]

Das Bekenntnis von Westminster

Die puritanische Auffassung vom Sonntag wurde 1647 von der Westminster-Synode, einer aus Reformierten bestehenden Theologenkommission, zur offiziellen Kirchenlehre gemacht. Darin heißt es, dass es Teil des Naturgesetzes sei, sich Zeit für die Gottesverehrung zu nehmen. Dass man dafür diesen besonderen Tag, den Sabbat, ausgewählt habe, gehe auf Gottes offenbartes Gesetz zurück und sei daher für alle gleichermaßen bindend.

VII. Wie es zum Gesetz der Natur gehört, dass im Allgemeinen eine angemessene Zeit für die Verehrung Gottes ausgesondert wird, so hat Gott in seinem Wort durch ein positives, moralisches und bleibendes Gebot, das alle Menschen in allen Zeitaltern bindet, im Einzelnen einen Tag unter sieben bestimmt, der ihm heilig ge-

halten werden soll. Dies war von Anfang der Welt bis zur Auferstehung Christi der letzte Tag der Woche, und wurde seit der Auferstehung Christi in den ersten Tag der Woche umgeändert, der in der Schrift der „Tag des Herrn" genannt wird und als der christliche Sabbat bis zum Ende der Welt fortbestehen soll.

VIII. Dieser Sabbat wird dann dem Herrn heilig gehalten, wenn die Menschen ihre Herzen gebührend vorbereitet und vorher ihre alltäglichen Angelegenheiten geordnet haben und sie nicht nur den ganzen Tag eine heilige Ruhe von ihren eigenen Werken, Worten und Gedanken, die sich auf ihre weltlichen Beschäftigungen und Vergnügungen richten, einhalten, sondern auch die ganze Zeit von der öffentlichen und privaten Ausübung der Gottesverehrung und von den Pflichten der Not und der Barmherzigkeit in Anspruch genommen werden.[140]

Die Westminster-Synode schuf auch Mittel und Wege, diese Auffassung im Volk zu verbreiten. So heißt es im Kürzeren Westminster-Katechismus von 1647:

Frage 59: Welchen Tag hat Gott eingesetzt, dass er der wöchentliche Sabbat sei?

Antwort: Von Anfang der Welt bis zur Auferstehung Christi ordnete Gott an, dass der siebte Tag der wöchentliche Sabbat sei, und seitdem bis zum Ende der Welt der erste Tag der Woche, welche der Christliche Sabbat ist.

Frage 60: Wie muss der Sabbat geheiligt werden?

Antwort: Der Sabbat muss geheiligt werden durch ein heiliges Ruhen diesen ganzen Tag, selbst von solchen weltlichen Beschäftigungen und Vergnügungen, die an anderen Tagen rechtmäßig sind; und durch das Verbringen der ganzen Zeit in Ausübung öffentlicher und privater Anbetung Gottes, ausgenommen die Werke, die notwendig sind und die die Barmherzigkeit von uns fordert.

Frage 61: Was ist verboten im Vierten Gebot?

Antwort: Das vierte verbietet die Unterlassung oder die nachlässige Ausübung der geforderten Pflichten, und das Entweihen des Tages durch Untätigkeit oder das Tun dessen, was sündhaft ist, oder durch unnötige Gedanken, Worte oder Werke über unsere weltlichen Beschäftigungen und Vergnügen.[141]

Ein bleibendes Erbe

Wie wir wissen, führte die puritanische Revolution zu weiterer religiöser Zersplitterung. Sie endete im politischen Chaos, in Bürgerkrieg, der Restauration der Monarchie und schließlich der erneuten Dominanz der Church of England oder – wie die Puritaner sie nannten – „der Prälatenfraktion“. Doch selbst nachdem die drakonischen Gesetze und Strafen zur Einhaltung des Sabbats abgeschafft waren, verschwand die Auffassung vom Sabbat, welche die Puritaner von frühen anglikanischen Reformern übernommen und dann maßlos übersteigert hatten, nicht völlig. Ganz im Gegenteil, wie wir noch sehen werden. Sie war in Großbritannien ebenso wie in den britischen Kolonien in Amerika sehr präsent. Und in gewisser Weise ist sie dort bis heute lebendig geblieben.

Doch bevor wir uns mit dem fortgesetzten Einfluss der

Puritaner auseinandersetzen können, müssen wir uns noch eingehender mit einer anderen Perspektive auf den Sonntag befassen, nämlich derjenigen, welche die Siebenten-Tags-Sabbatarier entwickelt hatten.

15
Die Siebenten-Tags-Sabbatarier

Der erste oder der siebte?

Es liegt – wie ich zu Beginn dieses Buches verdeutlicht habe – nicht in meinem Interesse, mich in die Debatte einzumischen, ob man als Christ nun den siebenten oder den ersten Tag der Woche feierlich begehen soll. Mir geht es hier einzig um die Geschichte des Sonntags. Doch da die Siebenten-Tags-Sabbatarier ebenfalls eine bestimmte Auffassung vom Sonntag entwickelt haben, ist es unabdingbar, darauf zumindest einen kurzen Blick zu werfen. Wir wollen uns daher mit ihren Ursprüngen und ihren Ideen beschäftigen.

Wie wir gesehen haben, hat die frühe Kirche den Sabbat nicht abgelehnt oder gar behauptet, der Tag des Herrn (*dominica*, also unser heutiger Sonntag) habe den Platz des Sabbats eingenommen. Der Sabbat war ein Ruhetag, den jüdische Christen und andere tunlichst einzuhalten versuchten, soweit es die Umstände erlaubten. Der Tag des Herrn aber war der Tag, an dem die Christen sich zur Anbetung und zum Brechen des Brotes trafen. Erst nach Konstantin, der den Tag des Herrn zum Ruhetag gemacht hatte, nahm dieser immer stärker die Merkmale des Sabbats an. Das lag vor allem an der Menge an Vorschriften, die bestimmte Aktivitäten für diesen heiligen Tag verboten. Doch das hieß nicht, dass der Sabbat nun verschwand, wie sich schon an der Tatsache zeigt, dass der Begriff als Name für den Samstag in verschiedenen romanischen Sprachen und auch im Griechischen überdauerte. Im Laufe des Mittelalters führten nun die zunehmend anti-jüdische Einstellung und die entsprechende Propaganda dazu, dass Christen die Behauptung aufstellten, der Sonntag habe den Sabbat von Rechts wegen abgelöst. Diese Ansicht setzte sich vor allem in Britannien durch, was auch damit zu tun hatte, dass die englische Bezeichnung für den Samstag – *saturday* – keinerlei Bezug zum Sabbat hatte, sondern immer noch auf den Saturn verwies. Dies wurde zur Grundlage für die Sabbatauffassung der Puritaner, die wir im letzten Kapitel eingehender betrachtet haben.

Sobald man jedoch anfängt, den Sonntag „Sabbat“ zu nennen, stellt sich eine Reihe von Fragen: Ist der Sabbat der Bibel nicht eigentlich der siebte Tag der Woche? Und kraft welcher Autorität hat sich dies verändert? Wie wir gleichfalls schon gesehen haben, wurde diese Frage bereits in Zeiten der Reformation diskutiert. Katholische Kleriker wie Johannes Eck argumentierten zum Beispiel, dass die Tatsache, dass die Kirche diese Veränderung angeordnet hatte, die von den Protestanten ihrerseits eingehalten wurde, ein klarer Beleg gegen das protestantische Prinzip des *sola scriptura* sei. In England wurden ähnliche Argumente von den „Prälaten“ gegen die Puritaner vorgebracht. Letztere antworteten darauf mit dem neuen Argument, dass Jesus selbst durch seine Auferstehung den Sabbat auf den ersten Tag der Woche verschoben habe.

Vor diesem Hintergrund ist es nicht weiter verwunderlich, dass es auch Gruppierungen gab, welche die Verlegung des

Sabbats auf den Sonntag für falsch hielten, weil diese nicht der Heiligen Schrift entsprach. Diese traten textkonform dafür ein, dass nicht mehr der Sonntag Tag der Anbetung sein und der Sabbat wieder auf den siebten Tag der Woche verlegt werden sollte – so wie es das Vierte Gebot verlangte.

Von John Traske zu den Siebenten-Tags-Adventisten

Wir kennen diese Auffassung ja schon vom europäischen Festland, wo Oswald Glait und Andreas Fischer sie vertreten haben. Doch erst in Großbritannien gewann sie eine größere Anzahl an Anhängern, denn im puritanischen Großbritannien war die Identifikation des Sabbats mit dem Sonntag am stärksten. Doch schon vor dem Triumph puritanischer Theologie wurde der anglikanische Priester John Traske (1585 – 1636) bestraft, weil er unter anderem der Ansicht war, der richtige Tag für die Heiligung des Sabbats sei der siebte Wochentag. Obwohl Traske letztlich widerrief, blieb seine Ehefrau, die er einst bekehrt hatte, bei ihrer Meinung, ebenso wie zahlreiche andere kleinere Gruppen in den verschiedenen Teilen Englands. Bedauerlicherweise ist uns keine seiner Schriften überliefert. Wir können seine Ansichten nur mittelbar durch die Argumente seiner Gegner erschließen, die sich leider hierüber nicht einig waren. Einige ihrer Kritikpunkte klingen auch geradezu abstrus. Auf jeden Fall aber bestand er darauf, dass der Sabbat am siebten Tag gefeiert werden müsse und dass man sich zu diesem Zweck an die Speisegesetze des alten Israel halten solle. Es heißt auch, er habe die Kindstaufe abgelehnt und sei dafür eingetreten – wie die antiken Quartodecimaner –

Ostern zeitgleich mit dem jüdischen Pessachfest zu feiern. Außerdem soll er sich selbst für unfehlbar erklärt haben und noch einiges mehr.

Theophilus Bradbourne (1590 – 1662) ist da schon besser bekannt. 1628 veröffentlichte er einen Traktat, den er vier Jahre später, um zahllose Anmerkungen bereichert, noch einmal herausgab. Schon der Titel informiert uns ausführlich über Bradbournes Ansichten:

Verteidigung des Urtümlichen und Heiligen Gebotes Gottes: des Sabbat-Tages. Infolgedessen und gemeinsam mit: 2. Einer Verteidigung des Dritten Gebotes. 3. Einer Verteidigung der Lauterkeit und Vollkommenheit des Dekalogs, Moralgesetzes oder Zehnten Gebotes. 4. Einer Verteidigung der gesamten und vollständigen Anbetung Gottes in all ihren Teilen, wie sie auf der ersten Tafel des Dekalogs beschreiben wird. 5. Einer Aufdeckung des Aberglaubens, der Unreinheit und Zersetzung von Gottes Anbetung sowie des Götzendienstes bei der Heiligung des Sabbats nach dem Dritten Gebot am Tag des Herrn, wie ihn die Mehrheit begeht.

Im Untertitel macht er dann seine Stoßrichtung deutlich:

Gegen alle Anti-Sabbatarier, sowohl von protestantischem, papistischem, antinomistischem und anabaptistischem Ursprung, und vor allem gegen die Geistlichen der genannten Richtungen ...

Dann folgen die Namen der Geistlichen, die die Ausgabe seines Buches von 1628 angegriffen hatten.

Bradbourne selbst wurde der Häresie angeklagt und zum Widerruf verurteilt. Ob er widerrufen hat und inwiefern, ist nicht überliefert. In jedem Fall lebten seine Ideen fort. Noch 1661 – zu seinen Lebzeiten also – wurden sie von der wachsenden Baptistenbewegung aufgenommen. Bald gab es eine Siebenten-Tags-Baptistengemeinde. Von nun an tauchte das Siebenten-Tags-Sabbatariertum in verschiedener Form immer wieder auf, präsentierte dabei aber meist nur Argumente, die denen Bradbournes ähnelten. Die bekannteste dieser Bewegungen sind sicher die Siebenten-Tags-Adventisten, deren Gründung auf das Jahr 1863 zurückgeht. Damals bekehrten sich die Anhänger des Baptistenpastors William Miller (1782 – 1849) zum Siebenten-Tags-Sabbatariertum. Miller kam in Massachusetts zur Welt und wurde Baptistenprediger. Nach schweren inneren Glaubenskämpfen machte er eine tiefe Erweckungserfahrung. Er begann, die Prophezeiungen der Bibel zu studieren und kam zu der Überzeugung, dass die Wiederkunft Christi unmittelbar bevorstehe. Er erwartete sie für das Jahr 1843. Nach der „Großen Enttäuschung" – die Wiederkunft trat nicht ein – begannen seine Anhänger, selbst Berechnungen anzustellen. Im Grunde aber blieben sie bei ihrer Auffassung, dass mit der Wiederkunft Jesu bald zu rechnen sei. Ein Teil seiner Anhänger schloss sich zur Advent Christian Church zusammen, die bei der Heiligung des ersten Tages blieb, aber eine relativ kleine adventistische Gruppierung darstellt. Der Rest seiner Anhänger griff die Vorstellung vom Sabbat am siebenten Tag auf und bildete die Siebenten-Tags-Adventisten. Diese Gruppe umfasst heutzutage weltweit fast 20 Millionen Gemeindemitglieder und ist damit die größte Gruppierung, die den Sabbat am siebten Tag feiert.

Die puritanische Lösung

Wenn wir zu unserem eigentlichen Thema zurückkehren, dem Sonntag und seiner Geschichte, wird schnell deutlich, dass das Siebenten-Tags-Sabbatariertum das letzte Stadium eines Prozesses darstellt, der schon mit Konstantin dem Großen einsetzte. Bis zu dieser Zeit galt der Tag des Herrn – *dominica* –, der am ersten Wochentag gefeiert wurde, nämlich nicht als Ersatz für den Sabbat und auch nicht als Ruhetag. Während die Christen sich am ersten Wochentag versammelten, um gemeinsam das Brot zu brechen und die Taufe der Neumitglieder zu feiern, hielten viele von ihnen – sicher die Judenchristen, aber möglicherweise auch andere – sich weiter an die Heiligung des Sabbats und versuchten, an diesem Tag zu ruhen, zumindest soweit es die Gesellschaftsordnung, in die sie eingebunden waren, zuließ. Als Konstantin jedoch sein Dekret erließ, das den ersten Tag der Woche, den Sonntag, zum Ruhetag erklärte, setzte ein Prozess ein, in dessen Verlauf man den Sonntag als legitimen Nachfolger des Sabbats ansah. Dementsprechend wurden immer mehr Gesetze erlassen, was am Tag des Herrn erlaubt war und was nicht. Diese Art der Gesetzgebung erreichte ihren Höhepunkt im puritanischen England des 17. Jahrhunderts, als man den Sabbat – verstanden als Sonntag – mit immer strengeren Vorschriften zu schützen und dem Vierten Gebot des Dekalogs in Einklang zu bringen versuchte.

In der Debatte, die sich um den richtigen Tag der Anbetung entzündete, wurde vollkommen vergessen, vielleicht auch bewusst verdrängt, was die frühen Christen über den ersten Tag der Woche dachten. Für die Siebenten-Tags-

Sabbatarier war die Heiligung des Sonntags eine Irrlehre, die Kaiser Konstantin oder – historisch weniger genau – die Päpste erfunden hatten. Für die puritanischen Sabbatarier hingegen war Sonntag der christliche Sabbat, der Tag, an dem man das Vierte Gebot umzusetzen hatte. Fast niemand verwies mehr auf den ersten Tag der Woche als Tag der Auferstehung, außer wenn man das Argument vorbrachte, Christus selbst habe durch die Auferstehung den alten Siebenten-Tags-Sabbat durch einen neuen Ersten-Tags-Sabbat ersetzt. Noch seltener fiel der Hinweis auf den ersten Tag der Woche als Abbild des ersten Schöpfungstages beziehungsweise den Tag der Auferstehung als ersten Tag der in Christus erneuerten Schöpfung. Auch der Sonntag als achter Tag der Woche und damit als Vorgeschmack auf den eschatologisch letzten Tag fand keinerlei Erwähnung mehr. So hatte sich der Sonntag zu einem Tag der Verpflichtungen und der Selbstdisziplin entwickelt, an dem man zur Kirche ging, sich dem Gebet und den Werken der Barmherzigkeit widmete. Die Kommunion, die lange Zeit der Mittelpunkt sonntäglicher Zusammenkünfte im Geiste Christi war, wurde nur noch selten gefeiert. Die Freude über die Auferstehung des Herrn war in den Hintergrund getreten und dem Gedenken der eigenen Sündhaftigkeit gewichen sowie des Kreuzes, das diese verursacht hatte.

16
Das Weiterleben puritanischer Sabbatheiligung

Sabbatarier in Großbritannien

Auch wenn der puritanischen Revolution unter Cromwell kein Erfolg beschieden war und die Monarchie 1660 wieder eingesetzt wurde, hieß dies doch nicht, dass das puritanische Sabbatariertum verschwand. Ganz im Gegenteil, je mehr die Furcht vor einer presbyterianischen Verschwörung gegen die etablierte Kirche schwand, desto mehr setzte sich die puritanische Sabbatauffassung in der Church of England und in anderen Kirchen durch. Schließlich wurde sie in die britischen Kolonien in Amerika getragen und verbreitete sich von dort aus weiter. Da sich an der puritanischen Auffassung, wie in Kapitel 14 dargestellt, wenig änderte, wollen wir den theologischen Feinheiten des Puritanertums nicht weiter nachgehen. Für unsere Zwecke möge es genügen, anhand einiger Beispiele zu schildern, wie das Sabbatariertum in Großbritannien weiterlebte.

William Law (1699 – 1765), ein anglikanischer Priester, war und ist einer der einflussreichsten Autoren, wenn es um das Thema „christliche Frömmigkeit" geht. 1728 veröffentlichte er sein Werk *A Serious Call to a Devout and Holy Life* (Ernsthafter Aufruf zu einem frommen und heiligmäßigen Leben), das sich bald zum meistgelesenen Andachtsbuch in

England entwickeln sollte. Seine Ratschläge, Ermahnungen und Warnungen demonstriert Law dabei gerne an fiktionalen Figuren, alle durchweg Anglikaner, wie Law selbst es war. Zum Thema Sabbatheiligung macht er uns mit Calidus bekannt, ein Mensch, welcher „die ganze Woche über mit geschäftlichen Dingen befasst ist, sodass er kaum dazu kommt, über irgendetwas anderes nachzudenken, sodass er den Sonntag untätig verbringt, um sich zu erholen. Er geht wandern auf dem Land und besucht Freunde und Verwandte, was den Sonntag oft noch anstrengender macht als den Rest der Woche."[142] Eine andere von Laws Gestalten ist Flavia, eine anscheinend höchst religiöse Frau, die ganz aus dem Häuschen ist, sobald sie einen Pickel in ihrem Gesicht entdeckt, und jeden Sonntag in die Kirche geht.

> *Wenn Sie Flavia an einem Sonntag besuchen, werden Sie immer in guter Gesellschaft sein. Sie werden erfahren, was in der Welt vor sich geht. Sie werden von der neuesten Schmähschrift erfahren und wer sie verfasst hat und wer mit den einzelnen Namen darin gemeint ist … Flavia findet, dass Menschen, die am Sonntag Karten spielen, Ungläubige sind, aber sie wird Ihnen, kaum ist sie von der Kirche zu Hause, jedes einzelne Spiel aufzählen können, das sie je gemacht hat, welche Karten sie in der Hand hatte, wie sie sie ausspielte und überhaupt alles, was bei diesem Spiel passiert ist. Wenn Sie wissen wollen, wer unhöflich und von schlechtem Charakter ist, wer eitel und geckenhaft ist, wer über seine Verhältnisse lebt und Schulden hat … dann müssen Sie Flavia am Sonntag besuchen.*[143]

Dieses Zitat – und viele andere, die sich in Laws Werk mühelos finden lassen – zeigt, welchen Wert Law auf die Begehung des Sonntags legt. Doch hier fallen uns noch zwei weitere Punkte ins Auge: Erstens, dass es für Law selbstverständlich zu sein scheint, dass Flavia wie andere religiöse Menschen ihrer Zeit sonntags in die Kirche geht. Law schreibt also nicht für eine Gesellschaft, die den Sonntag als Feiertag ablehnt, sondern für eine, in welcher der sonntägliche Kirchgang erwartet wird. Der zweite Punkt ist, dass er offensichtlich der Meinung ist, dass der Kirchgang Flavia nicht viel nützt, weil sie den Rest des Tages nicht mit frommem Gebet, erbaulichen Schriften und Werken der Barmherzigkeit verbringt. Obwohl nun nicht mehr so viele Menschen sich an die puritanische Sabbatgestaltung halten wie zu jener Zeit, als diese Gesetz war, ist die puritanische Auffassung vom Sabbat immer noch höchst lebendig. Der Sonntag ist also nach wie vor ein Tag, den man dem Kirchgang widmet sowie den Werken der Andacht und Barmherzigkeit.

John Wesley (1703 – 1791) war als Mitbegründer der Methodistenbewegung vermutlich einer der einflussreichsten religiösen Führer der nächsten Generation. Er vertrat ähnliche Gedanken wie William Law. Der Kirchenbesuch am Sonntag war ihm so wichtig, dass er seine methodistischen Glaubensbrüder immer wieder dazu aufforderte, ihre Zusammenkünfte doch nicht am Sonntag zu halten, damit alle Menschen am Sonntag in die anglikanischen Kirchen gehen, der Messe beiwohnen und an der Kommunion teilnehmen konnten. Er glaubte, wie die meisten Christen im Laufe der Geschichte, dass die Kommunion das Herzstück christlicher Anbetung sei. Da die Kommunion in methodistischen Zirkeln nicht gereicht wurde, ermutigte man die Methodisten, während der sonntäglichen Messe in den Kirchen zur Kommunion zu gehen. Seine Ansichten über den Sabbat decken sich weitgehend mit denen der Puritaner. Auch er benutzt das Wort „Sabbat", wenn er sich auf den Sonntag als Tag der Anbetung bezieht, an dem nun die Gebote zur Sabbatheiligung zur Anwendung kommen sollten. Dabei war der Sonntag für ihn nicht nur ein Tag des Kirchgangs. Ihm galt der gesamte Tag für heilig, daher sollten die menschlichen Aktivitäten an diesem Tag einer strengen Regelung unterliegen. In einer Predigt vor der Society of the Reformation of Manners (Gesellschaft zur Reformation der Sitten) empfahl er deren Mitgliedern, Maßnahmen zu ergreifen gegen „die rohe und offene Profanierung dieses heiligen Tages durch Leute, die kaufen und verkaufen, ihre Läden öffnen, in Gasthäusern zechen, ihre Waren feilbieten wie an jedem gewöhnlichen Tag; vor allem in Moorfields, das an jedem einzelnen Sonntag von ihnen nur so wimmelte."[144]

Wesley wurde zwar von vielen Würdenträgern der etablierten Kirche schief angesehen, doch er war gleichwohl ein anglikanischer Priester. Und was das Thema Sabbat anging – der am Sonntag gefeiert werden sollte –, waren viele anglikanische Kirchenobere seiner Meinung. 1780 bestätigte das Parlament gar einen wichtigen Punkt der puritanischen Sabbatregeln: Man verbot mit dem Sunday Observance Act jede Art von Amüsement, für das Eintritt gefordert wurde. Selbst Anti-Sabbatarier wie William Paley traten für die strikte Sonntagsruhe ein – allerdings nicht aus religiösen, sondern aus ökonomischen Gründen. Selbst William Wilberforce (1759 – 1833), ein bekannter Gegner des Sklavenhandels, schloss sich der Sabbatarierbewegung an. Und dies, obwohl man ihn am Ostersonntag schon mal beim Sonnenbaden ertappte! Zu jener Zeit wurden die Sabbatregelungen allmählich zum Spielball politischer Überlegungen. So traten Wilberforce und sein Studienfreund Pitt für ein Gesetz ein, das die Veröffentlichung von Sonntagszeitungen verbieten sollte. Dann aber entschied Pitt, dass es vermutlich vernünftiger wäre, die Presseleute nicht zu verärgern. Und so wurden bald zahlreiche Ausnahmeregelungen erlassen. So durften beispielsweise am Sonntag Flussschiffer ihre Waren transportieren, Droschken fahren und Bäcker die notwendigen Vorbereitungen für das Backen treffen.[145]

Die Sabbatarier mochten überzeugt sein, dass die Sabbatgesetze von Gott persönlich verfügt worden waren, die politische Debatte aber zitierte zwar ständig das Vierte Gebot, drehte sich aber letztlich um ganz andere Dinge. Das Parlament jedenfalls hatte für seine Entscheidung andere Gründe – zum Beispiel die Rolle, welche die Sabbatarier innerhalb des parlamentarischen Machtgefüges innehatten, die Interessen des Kapitals, den Schutz der Arbeiter und so weiter.

Puritanisches Sabbatariertum in Amerika

Dass die frühen britischen Kolonisten in Nordamerika – anders als in der Karibik – vorzugsweise Puritaner waren, führte dazu, dass die Gesetzgebung dort ähnliche Gestalt annahm wie in England, ja vielleicht noch drakonischer ausfiel. Die sogenannten *blue laws* in Neuengland regelten die Sonntagsruhe. Sie mochten das Werk übereifriger Zeloten sein, doch es besteht kein Zweifel daran, dass diese sehr strenge Gesetzgebung mittels harter Strafen durchgesetzt wurde. So wurde 1651 in Plymouth eine Frau zu zehn Schilling Bußgeld verurteilt, weil sie am Sabbat Wäsche gewaschen hatte. Etwa hundert Jahre später wurde in Wareham ein Bußgeld verhängt, weil am Sonntag Heu eingebracht wurde. Und diese Liste ließe sich beliebig fortführen.[146]

Dann gab es da noch das Amt des *tithingman* – das bereits im England des 10. Jahrhunderts entstanden war und in Neuengland wiederbelebt wurde. Er wurde gewählt, um sicherzustellen, dass der Sabbat vorschriftsmäßig eingehalten wurde. Wer gegen das Sabbatgebot verstieß, wurde von ihm ermahnt und unter Strafe gestellt. Außerdem ging er während der Sonntagsmesse mit seinem dicken Knotenstock durch die Reihen und versetzte jenen einen Stoß, die da etwa einnickten oder schliefen – wobei Frauen nicht gestoßen, sondern nur gestupst wurden. Als ob das nicht genug wäre, hatte der Stock am anderen Ende noch einen Dorn, mit dem jene gepikst wurden, bei denen ein einfacher Stoß nicht reichte.[147]

Man darf annehmen, dass der Tithingman viel zu tun hatte, weil die Messe vergleichsweise lang ausfiel. Man rief die Menschen am frühen Sonntagmorgen zur Kirche. Da die Menschen kaum Uhren hatten, die zu jener Zeit schlicht nicht erschwinglich waren, signalisierte man die Zeit mit Glocken, Hörnern oder selbst Schüssen. Dann begaben sich die Familien zur Kirche, gewöhnlich in streng hierarchischer Ordnung: Voran ging das Familienoberhaupt und seine Frau, dann kamen die Kinder, danach andere

Angehörige und schließlich die Dienstboten. In manchen Gemeinden war es üblich, auf den Pastor und seine Frau zu warten, bevor man die Kirche betrat. Dann nahmen die Gemeindemitglieder ihre Plätze ein, die Männer auf der einen Seite, die Frauen auf der anderen, was auch für die Kinder galt. Die Platzordnung war genau geregelt und wurde von einem Komitee beschlossen. Da die Sitzordnung den sozialen Status der Anwesenden widerspiegelte und durch Anschlag am Kirchentor bekannt gegeben wurde, waren die Entscheidungen des Sitzplatz-Komitees meist umstritten.

Die Messe selbst umfasste Gesang, Gebet und die Predigt. In den meisten Kirchen wurde die Kommunion nicht häufig gereicht. Um überhaupt daran teilhaben zu dürfen, musste der Gläubige eine Abendmahlsmarke vorweisen, welche der Diakon aushändigte, wenn die Betreffenden ein reines und frommes Leben geführt hatten. Gesungen wurden meist vertonte Psalmen, die – wie einige Zeugen angeben – musikalisch grauenhaft malträtiert wurden. Der Großteil der Zeit aber war ausgiebigen Gebeten gewidmet, bei denen der Pastor die Vorbeterrolle übernahm, sowie einer langen Predigt. Dabei standen die Gemeindemitglieder mitunter eine oder gar zwei Stunden. Die Predigt war eine eingehende Erörterung des Themas mit manchmal bis zu 25 Punkten und dauerte eine bis eineinhalb Stunden. Auch wer öffentlich seine Sünden bekennen und um das Gebet der Gemeinde bitten wollte, hatte dazu reichlich Zeit.

Wenn die Sonne am höchsten stand, war Mittagspause. Die Gemeindemitglieder durften dann etwas essen und ihre Pferde versorgen. Daher wurden auch oft „Mittagshäuser“ neben der Kirche errichtet. Dort konnte man im Winter die Pferde unterstellen, und die Menschen verbrachten dort die Mittagspause. Da die Kirchen gewöhnlich nicht geheizt wurden, waren die Mittagshäuser beliebt, gab es dort doch meist einen offenen Kamin. Und wenn nicht, gaben die Pferde ein wenig Wärme ab. Während die Erwachsenen über die Predigt sprachen oder über ihr Alltagsleben, hielt man die Kinder von Unfug ab, indem man mit ihnen ebenfalls die Predigt besprach. Sie mussten sich während der Predigt Notizen machen und später erklären, was sie davon verstanden hatten. Nach der Mittagspause begab man sich wieder in die Kirche und fuhr mit denselben Aktivitäten fort, die schon den Morgen eingenommen hatten.

Und weil dies für die Kinder offensichtlich nicht genug der religiösen Erziehung war, kamen zu Anfang des 19. Jahrhunderts die „Sabbatschulen" auf. (Dieser Vorschlag war schon früher gemacht worden, doch damals lehnten die Gemeinden das Ansinnen noch ab mit dem Hinweis, dass dadurch der Sabbat entweiht würde.) Da die Kinder natürlich mit ihren Eltern an der Messe teilnehmen sollten, wurden die Schulstunden auf den frühen Morgen verlegt, auf sechs Uhr dreißig oder sieben Uhr. Und diese dauerten bis wenige Minuten vor der Messe.

Eine weitere interessante Entwicklung der Sabbatgebräuche in Neuengland ist die Diskussion, ob der Sabbat (Sonntag) nicht bereits bei Sonnenuntergang des vorangehenden Tages beginnen sollte, da dies ja auch in biblischer Zeit so gehalten wurde. Natürlich hieße dies, dass auch die Sabbatregelungen schon am Samstagabend gelten sollten. Allerdings zog man offenkundig nicht in Betracht, dass der Sabbat dann ja auch am Sonntagabend enden müsste. Daher wandten Kritiker ein, dass der Sabbat damit auf eineinhalb Tage ausgedehnt würde.

Aber gleichgültig, wie lange der Sabbat dauerte, er war ganz offensichtlich angefüllt mit religiösen Verpflichtungen und Aktivitäten. Und trotzdem hielten die Puritaner es noch für erforderlich, die übrige Zeit des Tages per Gesetz von unziemlichen und unangemessenen Verrichtungen freizuhalten. Dies ist der Ursprung der Sonntagsgesetze oder *blue laws*, die teilweise bis heute existieren. Und sie wurden nicht „blaue Gesetze" genannt, weil sie auf blauem Papier gedruckt wurden, wie man dies immer wieder als Erklärung findet. Der Begriff entstand vermutlich in Anlehnung an das Schimpfwort „Blaustrumpf" für die Cromwell-Anhänger. Der einfache blaue Baumwollstrumpf war emblematisch für die Kargheit und Einfachheit des puritanischen Kleidungsstils. Die Gesetze regelten damals alle möglichen Lebensäußerungen, doch die Sonntagsgesetzgebung war besonders streng. Wie in England wurden Handel, Verkauf und alle unnötigen Verrichtungen oder Reisen verboten, und natürlich jede Form von Spiel und Festlichkeit. Und diese Verbote wurden mit heiligem Eifer durchgesetzt. In Boston zum Beispiel kehrte ein gewisser Captain Kemble 1656 von einer dreijährigen Seereise zurück und begrüßte seine Frau auf der Schwelle seines Hauses mit einem Kuss. Der unglückliche Seemann wurde zu zweistündigem Stehen am Pranger verurteilt, weil er am Sabbat auf diese Weise seine Lüsternheit zur Schau gestellt hatte.

17
Säkularisierung und Erneuerung

Die geografische Ausweitung der Sonntagsruhe

Wie wir sehen werden, büßte der Puritanismus bald seine Macht über die britischen Kolonien in Nordamerika ein, vor allem nach der Unabhängigkeitserklärung. Damit begann auch der unaufhaltsame Abstieg der Sonntagsgesetzgebung in die Bedeutungslosigkeit. Gleichzeitig aber breitete sich die Einhaltung der Sonntagsruhe über den ganzen Globus aus. Zunächst einmal weitete Großbritannien seine Kolonien weidlich aus, dann schickte man dort britische und amerikanische Missionare hin und schließlich entwickelte sich eine globalisierte Wirtschaft, in der weltweit dieselben Regeln galten. So kam es, dass selbst in Ländern, in denen die Christen eine verschwindend kleine Minderheit sind, der Sonntag trotzdem zum Ruhetag wurde: Dies gilt zum Beispiel für China, Indien, Indonesien, die Mongolei, den Großteil Afrikas, Pakistan, die Türkei, Thailand und viele andere Länder. Meistens ist dabei der Sonntag Teil eines zweitägigen Wochenendes, sodass nun Samstag und Sonntag arbeitsfrei bleiben.

Die Säkularisierung des Sonntags

Die globale Ausbreitung des Sonntags als Ruhetag wurde begleitet von einem Prozess der Säkularisierung, was die Bedeutung dieses Ruhetages anging. In vielen der oben genannten Länder wurde der Sonntag weniger aus religiösen Gründen als Ruhetag behandelt, sondern aus dem schlichten Grund, dass in den früheren Ländern der Christenheit an diesem Tag Banken, Märkte sowie Regierungs- beziehungsweise Beamtenapparate nicht geöffnet waren. Die aufkeimende globale Marktwirtschaft ließ es geboten erscheinen, dass man andernorts den Ruhetag möglichst auf den gleichen Tag verlegte.

Selbst in Ländern, in denen der Sonntag als religiöser Sabbat tief verwurzelt war, verlor sich diese Bedeutung erstaunlich schnell. Schon als im 18. Jahrhundert die britischen Kolonien in Nordamerika allmählich ihre demografische Einheitlichkeit einbüßten, beklagten die Bürger streng puritanischer Gesinnung, dass der Sabbat immer mehr entweiht würde. Immer wieder wurde in Predigten darauf hingewiesen, dass der Sonntagabend längst nicht mehr der stillen Kontemplation und den Werken der Barmherzigkeit gewidmet war, sondern vielmehr bei lärmender Lustbarkeit verbracht wurde. Um Gelegenheit zur Unterhaltung zu bieten, ohne den Sabbat gleichsam zu schänden, richtete man in einigen Gemeinden „Gesangsschulen" ein, wo neue Lieder einstudiert und alte wiederholt wurden. Meist handelte es sich dabei um religiöse Hymnen oder anderes frommes Liedgut.

In den frühen Jahren der noch jungen Republik der Vereinigten Staaten erließen viele der Bundesstaaten gesetzliche Regelungen, die bestimmte Aktivitäten für den Sonntag verboten. Doch diese Regelungen wurden immer wieder gerichtlich angefochten – mit unterschiedlichem Erfolg. 1961 entschied der Supreme Court, der Oberste Gerichtshof der Vereinigten Staaten, dass Sonntagsgesetze, die einen rein religiösen Hintergrund hätten, nicht der Verfassung entsprächen. Auf Gesetze hingegen, die einen weltlichen Zweck hätten, träfe dies nicht zu, nicht einmal, wenn sie ursprünglich aus religiösen Gründen erlassen worden seien. Von diesem Moment an mussten selbst diejenigen, welche die Sonntagsruhe aus religiösen Gründen einhielten, vor Gericht mit deren weltlichen Zwecken argumentieren, um die entsprechende Gesetzgebung zu verteidigen. Die Säkularisierung des Sonntags war also nicht nur auf Länder wie China beschränkt, wo die Sonntagsruhe nur eingehalten wurde, weil dies im Rest der Welt ebenfalls geschah, sondern hatte auch in den Vereinigten Staaten Auswirkungen, wo der gesetzliche Status des Sonntags nunmehr mit seiner weltlichen Bedeutung untermauert werden musste.

Trotz dieses Niedergangs fanden sich selbst noch im 21. Jahrhundert konservative Christen, die überzeugt waren, dass die Regierung – wie zu Zeiten der Puritaner – die Pflicht habe sicherzustellen, dass Gottes Gebote nicht nur von den Gläubigen eingehalten wurden, sondern von der Gesellschaft in ihrer Gesamtheit. Dies wird häufig als „dritter Gebrauch des Gesetzes“ bezeichnet.

Wenn man sich jedoch die Geschichte des Sonntags in ihrer Gesamtheit ins Gedächtnis ruft, erscheint es vielmehr, als sei das, was Konstantin mit seinem berühmten Edikt von 321 begonnen hat, zu seinem Ursprung zurückgekehrt.

Bis zu diesem Zeitpunkt begingen die Christen den ersten Tag der Woche, den Tag des Herrn, feierlich als Tag der Anbetung, ohne diesen jedoch unbedingt als Ruhetag zu verstehen oder ihn in irgendeiner Weise mit dem Sabbat in Verbindung zu bringen. Sie lebten in einer Gesellschaft, die ihnen keinerlei besondere Privilegien zugestand. Inmitten dieser Gesellschaft und der Verpflichtungen, welche diese ihnen auferlegte, mussten sie Mittel und Wege finden, die Auferstehung ihres Herrn an diesem speziellen Tag zu feiern. Konstantin machte aus diesem besonderen Tag einen Ruhetag. Damit setzte ein Prozess ein, der zunächst zu der Überzeugung führte, die Sonntagsruhe müsse nach dem Muster des Sabbats gestaltet werden. Dies ging so weit, dass – vor allem in den englischsprachigen Ländern, wo der Name für den siebten Tag der Woche sich nicht vom Sabbat ableitete, sondern vom Saturn – der Begriff *Sabbat* zum Synonym für „Sonntag“ wurde. Und führte schließlich dazu, dass die strikte Sonntagsgesetzgebung sich nach den ebenso strengen Regeln für die Sabbatfeier des Judentums ausrichtete. Heute aber, 17 Jahrhunderte nach Konstantin, leben die Christen erneut in einer Gesellschaft, die ihren Werten und Glaubensvorstellungen gleichgültig, ja in Teilen sogar feindselig gegenübersteht, und müssen Mittel und Wege suchen, für diesen Glauben einzutreten und ihren Gott anzubeten, während gleichzeitig der soziale Rückhalt für ihre Lebensweise wegbricht. Für alle anderen nämlich ist der Sonntag ein Tag wie jeder andere – ein arbeitsfreier Tag, der dem Fußball und dem Badeausflug gehört.

Doch trotz der mitunter nostalgischen Sehnsüchte nach einer vergangenen Zeit, in der das Christentum gesetzlich wie sozial mehr Rückhalt genoss, haben viele Christen auf die Säkularisierung des Sonntags eine andere Antwort gefunden: Sie vertiefen ihr Verständnis für seine Bedeutung.

Liturgische Erneuerung

Inmitten all dieser Entwicklungen nämlich fand klammheimlich noch eine weitere statt: Die Menschen christlichen Glaubens unterzogen die Messe und ihr Verständnis derselben einer gründlichen Überprüfung. Mitte des 19. Jahrhunderts machte sich unter Anglikanern und Christen römisch-katholischer Prägung eine gewisse Unzufriedenheit mit den Gepflogenheiten der Sonntagsmesse breit. Unter den Anglikanern entstand so die Oxford-Bewegung, die sich unter anderem die Rückkehr zu älteren Formen der Anbetung auf die Fahnen geschrieben hatte. In der römisch-katholischen Kirche hingegen erwachte ein verstärktes Interesse an den Liturgieformen des Mittelalters, das viele als den Höhepunkt der Kirchengeschichte betrachteten. Das Studium der Patristik, das zu jener Zeit massiv einsetzte, führte schnell zu der Erkenntnis, dass sogar vor dem Mittelalter noch christliche Traditionen existierten, die einer verstärkten Würdigung wert waren. 1883 veröffentlichte der griechisch-orthodoxe Geistliche und Gelehrte Philotheos Bryennios eine Handschrift, die er acht Jahre zuvor in der Bibliothek des Klosters vom Heiligen Grab in Konstantinopel entdeckt hatte. In diesem Codex Hierosolymitanus war auch eine Abschrift der *Didache* enthalten, der „Lehre von den zwölf Aposteln". Man hatte von diesem frühkirchlichen Text zwar gewusst, weil er vielfach zitiert worden war, doch bis zu diesem Zeitpunkt galt er als verloren. Und bald begannen Gelehrte in aller Welt, andere Versionen und Fragmente desselben Textes auf Koptisch, Arabisch, Georgisch und Latein zu studieren. Die *Apostolische Überlieferung* (*Traditio Apostolica*) des Hippolyt von Rom, die in einer äthiopischen Version bereits veröffentlicht worden war, nun aber auch in zahlreichen anderen alten Sprachen vorlag, stachelte das Interesse der Kirchengeschichtler ganz besonders an. Die Gelehrten waren sich einig, dass es sich dabei tatsächlich um das Werk des Kirchenvaters handelte und alles, was er dort über den Gottesdienst sagte, daher einen klaren Blick auf die Praktiken der frühen Kirche erlaubte. Auf der Basis dieser beiden Dokumente waren die Historiker nun in der Lage, die Angaben in anderen Handschriften zu überprüfen und zu einem allgemeinen Konsens über den Gottesdienst in vorkonstantinischer Zeit zu gelangen. Auch die protestantischen Kirchen überarbeiteten aufgrund der Resultate dieses Prozesses ihre Liturgie und nahmen Riten auf, die frühere radikale Protestanten gestrichen hatten, weil sie ihnen als „papistisch" galten. Nun musste man eingestehen, dass diese Formen der Anbetung sehr viel älter waren als das Papsttum. Selbst Methodisten und Presbyterianer akzeptierten jetzt das Hochgebet, das schon in der *Traditio Apostolica* (4) erwähnt ist:

Der Herr sei mit euch.
Und mit deinem Geiste.
Erhebet die Herzen.
Wir haben sie beim Herrn.
Lasset uns danken dem Herrn, unserm Gott.
Das ist würdig und recht.[148]

Die liturgische Erneuerungsbewegung, die sich lange Zeit nur auf die mittelalterliche Überlieferung konzentriert hatte, begann nun, die frühe Kirche in den Blick zu nehmen, als die Anbetung sich noch allein auf die ihr innewohnende Bedeutung und den dahinterstehenden Glauben konzentrierte, weil sie sich nicht auf soziale Akzeptanz oder gesetzliche Unterstützung berufen konnte, und als die Partizipation der Gläubigen noch ein wesentlicher Teil des Gottesdienstes war.

1903, gleich nach seiner Wahl, rief Papst Pius X. nach mehr aktiver Teilhabe der Gläubigen an der Liturgie. Einige Jahre später erließ Papst Pius XI. einen ähnlichen Aufruf, offensichtlich in der Hoffnung, so die gregorianischen Choräle wiederbeleben zu können. In seinem apostolischen Schreiben zur Kirchenmusik *Tra le sollecitudini* erklärte er: „Damit die Gläubigen aktiver am Gottesdienst teilhaben können, wie dies früher der Fall war, soll der gregorianische Gesang erneut eingeführt werden."[149]

Und es folgten noch andere Stimmen, die eine Erneuerung der Liturgie forderten. 1947 gab Pius XII. seine Enzyklika *Mediator Dei* heraus, in der er bestätigt, dass die Liturgie sich an neue Umstände anpassen muss, ja dass darin sogar Platz für die Sprache der Menschen sein solle.[150] Einige Jahre vorher hatte sein Vorgänger Pius XI. Messen autorisiert, in denen neben das Lateinische Text in Kroatisch oder anderen slawischen Sprachen trat. 1941 gab man in Rom eine Reihe von Instruktionen für die Vorbereitung zweisprachiger Messen in Ländern wie China, Japan und Indien heraus. 1951 ordnete Pius XII. die Wiedereinführung der Feier der Osternacht ein, wie sie in den ersten Jahrhunderten üblich gewesen war. Diese Vigil-Messe, die vom Samstagabend bis zum Sonntagmorgen dauerte, war zuvor durch einen Gottesdienst am Samstagmorgen ersetzt worden. Nun aber wurde die Vigil wiedereingeführt, zunächst nur als Experiment. Vier Jahre später erließ Pius XII. dann Anweisungen zur Wiedereinführung der Karwochen-Liturgie nach altem Muster.

Das Zweite Vatikanische Konzil

Der eigentliche Wandel aber kam mit dem Zweiten Vatikanischen Konzil. Kurz nach seiner Ausrufung des Konzils unterstrich Papst Johannes XXIII. die Bedeutung der liturgischen Erneuerung: „Das Konzil muss gar nicht viel über Fragen der Glaubenslehre oder Moral debattieren ... Solange die Menschen nicht mit der Kirche denken und mit der Kirche die Geheimnisse Christi durch das Geschenk der Sakramente leben in der großen Feier der Osterliturgie sowie an Sonntagen, solange die Menschen nicht mit der Kirche beten, werden wir nichts erreichen.“[151]

Die Bischöfe, die sich zum Konzil versammelten, waren ihrerseits überzeugt davon, dass die Liturgie der katholischen Kirche reformiert werden müsse. Und so beschlossen sie nach eingehender Diskussion, in welcher der von der vorbereitenden Kommission vorgeschlagene Text überarbeitet wurde, das *Sacrosanctum Concilium*, die *Konstitution über die Heilige Liturgie*. Das Dokument enthält größtenteils Anweisungen über die Ausbildung von Priestern, doch ist darin auch das Bestreben erkennbar, die Liturgie so zu reformieren, dass sie für die Gläubigen bedeutsamer wird und diese stärker in den Ritus eingebunden werden. So heißt es zum Beispiel, es sei die Pflicht der Priester, darüber zu wachen, dass „die Gläubigen bewusst, tätig und mit geistlichem Gewinn daran teilnehmen."[152]

Zu diesem Zweck erhielt die Bischofskonferenz in den einzelnen Ländern und Regionen die Erlaubnis, die Liturgie entsprechend anzupassen und dabei auch die jeweilige Landessprache zu verwenden. Das Ergebnis wurde natürlich vom Vatikan geprüft. Denn die volkssprachliche Version sollte nicht einfach nur eine Übersetzung der lateinischen Messe sein, sondern sich an die jeweilige Kultur anpassen. Denn:

In den Dingen, die den Glauben oder das Allgemeinwohl nicht betreffen, wünscht die Kirche nicht eine starre Einheitlichkeit der Form zur Pflicht zu machen, nicht einmal in ihrem Gottesdienst; im Gegenteil pflegt und fördert sie das glanzvolle geistige Erbe der verschiedenen Stämme und Völker; was im Brauchtum der Völker nicht unlöslich mit Aberglauben und Irrtum verflochten ist, das wägt sie wohlwollend ab, und wenn sie kann, sucht sie es voll und ganz zu erhalten. Ja, zuweilen gewährt sie ihm Einlass in die Liturgie selbst, sofern es grundsätzlich mit dem wahren und echten Geist der Liturgie vereinbar ist.[153]

Zum „glanzvollen geistigen Erbe der verschiedenen Stämme und Völker" gehört natürlich auch die Musik. Daher heißt es einige Abschnitte weiter: „Die überlieferte Musik der Gesamtkirche stellt einen Reichtum von unschätzbarem Wert dar, ausgezeichnet unter allen übrigen künstlerischen Ausdrucksformen."[154] Der „religiöse Volksgesang", so heißt es, solle „eifrig gepflegt werden". Und weiter: „Da die Völker mancher Länder, besonders in der Mission, eine eigene Musiküberlieferung besitzen, die in ihrem religiösen und sozialen Leben große Bedeutung hat, soll dieser Musik gebührende Wertschätzung entgegengebracht und angemessener Raum gewährt werden, und zwar sowohl bei der Formung des religiösen Sinnes dieser Völker als auch bei der Anpassung der Liturgie an ihre Eigenart."[155]

Ein zweiter und gleichermaßen bedeutender Schritt zur Ermutigung aktiver und tätiger Teilnahme der Gläubigen an der Liturgie ist die Herausstellung der Predigt. Jahrhundertelang war die Predigt als Element des Gottesdienstes vernachlässigt worden. Häufig musste sie zurückstehen hinter dem Auflisten der für die Pfarrei wichtigen Ereignisse, bestenfalls galt sie noch der moralischen Ermahnung. Nun aber erklärte das Konzil: „Die Homilie, in der im Laufe des liturgischen Jahres aus dem heiligen Text die Geheimnisse des Glaubens und die Richtlinien für das christliche Leben dargelegt werden, wird als Teil der Liturgie selbst sehr empfohlen. Ganz besonders in den Messen, die an Sonntagen und gebotenen Feiertagen mit dem Volk gefeiert werden, darf man sie nicht ausfallen lassen, es sei denn, es liege ein schwerwiegender Grund vor."[156]

Kurz gesagt: Das Konzil trat ein für die liturgische Erneuerung, vor allem im Sonntagsgottesdienst, durch die vermehrte Teilhabe der Laiengläubigen. Dies sollte vollbracht werden zum einen durch die Verwendung der jeweiligen Muttersprache, zum anderen, indem man den Gläubigen beim Gottesdienst eine tragende Rolle zuwies. Außerdem sollte die Predigt den biblischen Text mit dem

Sakrament verbinden. Durch Verwendung von Musik und anderen kulturellen Elementen sollte die Liturgie sich den Erfahrungen des Volkes und seiner Kultur anpassen. Und schließlich sollte der Sonntag wieder zum echten Festtag dienen. Die Messe sollte nicht nur als düsteres Gedenken an den Kreuzestod Jesu vollzogen werden, sondern als Feier seiner siegreichen Auferstehung.

Neue Messen

Die Weisungen des Konzils trugen nahezu sofort Früchte. Es entstand eine Reihe von volksnahen Messen, die in der jeweiligen Landessprache verfasst waren, die Musik der jeweiligen Region miteinbezogen und die Hoffnungen und Leiden des angesprochenen Volkes thematisierten. Eine dieser Messen war die Misa popular salvadoreña, die Salvadorianische Volksmesse. Deren Eingangslied „Vamos todos al banquete“ bestimmt den Ton der gesamten Messfeier:

(Refrain:)
Lasst uns nun zum Bankett gehen,
zum großen Fest des Universums.
Der Tisch ist bereitet, der Raum wartet;
Kommt, ihr alle, mit euren Geschenken.

Ich werde frühmorgens aufstehen
und alle werden mich erwarten.
Leichten Schrittes gehe ich los,
mit meinen Freunden und meiner Familie.

(Refrain)

Wir kommen von Soyapango,
von San Antonio und Zacamil,
von Mexicanos und Ciudad Delgado,
Santa Tecla und La Bernal.

(Refrain)

Gott lädt all die Armen und Hungrigen
ein zum Bankett der Gerechtigkeit und der Güte,
wo die Ernte nicht gehortet wird,
damit es niemandem an Nahrung fehlt.

(Refrain)

Mögen wir einen solchen Ort unter uns errichten,
wo alle Menschen einander gleich sind in Liebe.
Gott hat uns zur Zusammenarbeit aufgerufen,
damit wir alles teilen, was wir haben.[157]

Lieder wie diese, die zur Gitarre und zum Klang der Rumba-Rasseln vorgetragen wurden, drückten die Freude an der Kommunion ebenso aus wie die Ungerechtigkeit und das Leid, das die Menschen erdulden müssen. Und so befeuerten sie die erstaunliche Erneuerung der sonntäglichen Messe. Messen, die früher nur von einigen wenigen frommen Seelen besucht wurden, wurden nun in so manchen Städten ein wichtiger Bestandteil des Soziallebens. Es besteht ein himmelweiter Unterschied zwischen der traditionellen Verpflichtung des *oír misa*, des Hörens der Messe, und der Vorstellung, dass man an einem Bankett teilhat, das ein Paradigma des Abendmahls sein will mit allem, was dieses Mahl sein sollte und sein wird.

In solchen Bestrebungen klingen die drei Dimensionen der sonntäglichen Anbetung an, wie sie einstmals verstanden wurden. Die Messe ist zum einen Feier von Jesu Sieg durch das Kreuz und seine Auferstehung. Doch sie verweist auch auf die Schöpfung als Ganzes und erweckt damit die ewige eschatologische Hoffnung.

Eine ökumenische Erneuerung

Allein die Tatsache, dass das Eingangslied der oben zitierten Messe nach einem lutherischen Hymnus gestaltet wurde, zeigt, dass die liturgische Erneuerung sich nicht auf die römisch-katholische Tradition beschränkte. Viele der Gelehrten, welche sich mit der frühkirchlichen Gestaltung des Gottesdiensts beschäftigten sowie mit dessen Beschreibung in den vorzitierten Dokumenten – der *Didache*, der *Traditio Apostolica* und vielen anderen –, waren Protestanten, manche auch orthodoxe Christen. Ihr Interesse an der gemeinsamen Tradition brachte sie dazu, sich über die Grenzen ihres Glaubens hinweg auszutauschen. Protestantische Studien über die *Traditio Apostolica* wurden von katholischen Patristikgelehrten und Liturgiegeschichtlern gelesen. Und als das Konzil sie anwies, der Predigt im Gottesdienst neuen Schwung einzuhauchen, wandten sich viele an die protestantische Predigttradition, um sich davon inspirieren zu lassen. Andererseits wurde die katholische Erneuerung der Liturgie auch von protestantischen Theologen mit Interesse verfolgt. Was beim Zweiten Vatikanischen Konzil geschah, nahm Anregungen aus der protestantischen Tradition auf. Und was vom Konzil beschlossen wurde, traf umgekehrt bei den protestantischen Pastoren auf offene Ohren.

Dies hat auch in der protestantischen Liturgie zu einer Erneuerung geführt, die sich wie die katholische auf die fröhlichen und festlichen Elemente der Messe und der Kommunion zurückbesinnt.

Für diese Tendenz gibt es zahllose Beispiele. Teil der Reformationsbestrebungen im 16. Jahrhundert war es, die Kommunion möglichst an alle Gläubigen zu verteilen. Dementsprechend gab es im anglikanischen *Book of Common Prayer* einen Aufruf (Exhortation), der sich an alle richtete, die dafür bereit waren, dabei aber auch düstere Untertöne anschlug:

> *Ihr, die ihr aufrichtig und ernstlich eure Sünden bereut und in Liebe und Eintracht mit eurem Nächsten lebt und entschlossen seid, ein neues Leben zu führen, den Geboten Gottes zu folgen und von nun an auf seinen heiligen Wegen zu wandeln: Tretet im Glauben herzu, nehmet dieses heilige Sakrament zu eurem Troste und legt, demütig niederkniend, euer demütiges Bekenntnis vor dem Allmächtigen Gotte ab.*[158]

Diese Aufforderung wurde, meist Wort für Wort, von anderen protestantischen Gruppierungen übernommen, vor allem von jenen, die sich dem britischen Puritanismus[159] oder der wesleyanisch-methodistischen Bewegung verpflichtet fühlten. In all diesen Kirchen wurde die Kommunion auf diese Weise eingeleitet.[160]

Der Aufruf erscheint auch heute noch im *Book of Common Prayers*, doch mittlerweile gibt es darin eine alternative Ordnung für die Kommunion, in der er nicht mehr vorkommt. Viele andere protestantische Gruppierungen haben den Aufruf entweder ganz gestrichen oder ihn durch einen freudvolleren ersetzt. Dies können Lieder sein wie „This Is the Feast of the Victory of our God“ oder Stellen aus der Heiligen Schrift wie „Und man wird von Osten und Westen und von Norden und Süden kommen und im Reich Gottes zu Tisch sitzen.“ (Lk, 13,29)

Die bedeutsamste Änderung jedoch betrifft die Häufigkeit der Kommunion und den Rang, den sie innerhalb der Sonntagsmesse einnimmt. Während die lutherische und anglikanische Tradition ebenso wie die römisch-katholische Kirche die Kommunion jeden Sonntag feiern, reichen die reformierten Kirchen die Kommunion nicht jeden Sonntag, obwohl Calvin selbst es ja in Genf gerne anders gehabt hätte. Dies gilt vor allem für die Zeit nach Aufkommen des Puritanismus. Der Grund dafür war die Befürchtung, die Kommunion könne durch zu große Häufigkeit an Bedeutung verlieren. Die schottischen Presbyterianer des 17. Jahrhunderts zum Beispiel reichten sie höchstens zweimal im Jahr. Diese Praxis hielt sich in den evangelikalen und reformierten Kirchen bis weit in die zweite Hälfte des 20. Jahrhunderts, auch wenn zu jener Zeit schon der Gedanke aufkam, dass dies nicht ideal sei: „Das Sakrament des Abendmahls sollte in jeder Gemeinde mindestens zweimal jährlich gefeiert werden, am besten noch öfter.“[161] Ähnlich war es in den presbyterianischen Kirchen in den Vereinigten Staaten. Dort galt ab dem 19. Jahrhundert die Direktive, dass die Kommunion vierteljährlich gereicht werden sollte und öfter nur dann, wenn Pastoren und Presbyter (Ältere) dies für ratsam hielten. Aus den unterschiedlichsten Gründen wurde dies auch in anderen protestantischen Traditionen, zum Beispiel bei den Baptisten und Methodisten, so gehalten. Doch schon Mitte des 20. Jahrhunderts – lange vor dem Zweiten Vatikanischen Konzil – beschlossen die Presbyterianer im Zuge der liturgischen Erneuerung, dass eine häufigere Feier der Kommunion, möglichst jeden Sonntag, wünschenswert sei. 1961 gab die United Presbyterian Church (USA) eine überarbeitete Version des *Book of Common Worship* heraus. Eine umfassende Analyse des Dokuments, seiner Geschichte und Rezeption zeigt, dass „das normative Modell die gesamte Messe mit Predigt und Abendmahl war, das jedoch mit hinreichender Mehrdeutigkeit präsentiert wurde, dass jede Kirche, die nicht bereit war, es umzusetzen, den dafür nötigen Spielraum erhielt."[162] Das *Directory for Worship* der Presbyterian Church US blieb da konservativer. Es ging von der traditionellen vierteljährlichen Kommunion aus, eröffnete jedoch die Möglichkeit, die Kommunion öfter zu feiern. Nachdem die beiden Kirchen sich zusammenschlossen, fand das neue *Directory for Worship* einen Kompromiss:

> *Es ist angemessen, das Abendmahl so oft zu feiern wie den Tag des Herrn. Es sollte mit solcher Regelmäßigkeit und Häufigkeit gefeiert werden, dass es als zum Tag des Herrn gehörig empfunden wird ...*
>
> *Die Sitzung [Leitung der lokalen Gemeinde, A. d. Ü.] ... sollte sicherstellen, dass das Sakrament regelmäßig und häufig genommen werden kann, auf keinen Fall weniger als vierteljährlich.*[163]

Was man aus den Gemeinden so hört und was aus den wenigen Erhebungen, die zu diesem Thema gemacht wurden, hervorgeht, lässt annehmen, dass die lokalen presbyterianischen und methodistischen Kirchen, die die wöchentliche Kommunion anbieten, zwar immer noch in der Minderheit sind, ihre Zahl jedoch wächst. Die monatliche Kommunion hingegen scheint in den großen Gemeinden, die dieses Sakrament früher weniger häufig gefeiert haben, mittlerweile Standard zu sein.

Protestanten und Katholiken scheinen sich also in jene Richtung zu bewegen, die von den ursprünglichen Reformatoren wie Luther oder Calvin vorgezeichnet wurde: Die Kommunion sollte jeden Sonntag angeboten werden zusammen mit der Predigt, in einer Sprache, die das Volk versteht, und unter verstärkter Teilhabe der Gläubigen. Mittlerweile feiern auch die Katholiken ihre Messe in der jeweiligen Landessprache. Die Gläubigen nehmen die Kommunion und sind in den Gottesdienst eingebunden. Die Predigt ist ein zentraler Bestandteil der Messe. Bei den Protestanten steht die Predigt zwar immer noch im Vordergrund, doch die Kommunion wird nun öfter genommen und soll zentraler Bestandteil des Gottesdienstes sein. Beide Glaubensrichtungen aber sind sich einig, dass das Abendmahl kein Akt der Trauer sein sollte, sondern die Feier der Auferstehung Christi durch Gottes Volk.

Die einzig größere protestantische Gruppe, die sich nicht mit einer häufigeren Kommunion anfreunden kann, scheint die Pfingstbewegung zu sein. Dort wird die Kommunion nur sehr selten gefeiert, in manchen Fällen überhaupt nicht. In anderer Hinsicht aber haben gerade die Pfingstkirchen einen erheblichen Anteil an der Erneuerung der Liturgie im 21. Jahrhundert, und zwar geht es dabei um die Freude als zentrales Element der Anbetung. Wer die Pfingstkirchen von außen betrachtet, hält ihre Form der Anbetung meist für desorganisiert, laut und ohne jede theologische Tiefe. Aber dass es dabei nicht freudvoll zugeht, kann man kaum behaupten. Natürlich spielt auch hier das Eingeständnis der Sünden eine zentrale Rolle. Eines der wichtigsten Elemente mancher pfingstkirchlichen Veranstaltungen ist das Eingeständnis der Härten des Lebens. Doch über allem steht Gottes Macht, die alle Unbill überwindet, und Gottes Gnade, die jede Sünde reinwäscht.

Wenn Christen sich also in aller Welt versammeln, um auf ihre ureigenste und auf verschiedene Weise den Sonntag zu feiern, dann lässt sich nicht leugnen, dass die feierliche Begehung des Sonntags zutiefst erneuert wurde – auch wenn es immer noch Menschen gibt, die bedauern, dass die an die konstantinische Ära gemahnenden strengen Sonntagsgesetze nicht mehr gelten. Und der Geist dieser Erneuerung deutet auf den Sonntag als Tag der Auferstehung, als Beginn einer neuen Schöpfung, als Vorgeschmack auf den ewigen Sabbat.

Nun, wo wir ans Ende dieses kurzen Überblicks über die Entwicklung des Sonntags von der Zeit der Reformation bis ins 21. Jahrhundert kommen, sollten wir einige Punkte festhalten, die aus der Vielfalt divergierender Stimmen und Ansichten herausstechen, welche seit dem 16. Jahrhundert die theologische Diskussion prägt.

Erstens können wir feststellen, dass sich, so sehr sich protestantische und katholische Positionen zur feierlichen Begehung des Sonntags im 16. Jahrhundert unterscheiden mochten, im 20. Jahrhundert eine neue Annäherung abzuzeichnen beginnt. Die römisch-katholische Kirche, die im 16. Jahrhundert noch auf Latein als Messsprache und einer rigorosen Uniformität in der Gestaltung des Gottesdienstes bestand, hat sich im 20. Jahrhundert für die verschiedenen Landessprachen geöffnet und propagiert nun eine maßvolle Anpassung an kulturelle Gepflogenheiten. Eine Kirche, die von den Laienchristen einstmals nur verlangte, dass sie an der Messe teilnehmen, hat nun deren aktive Teilhabe für sich entdeckt, auch am Sakrament der Kommunion, sowie die Bedeutung der Predigt. Viele protestantische Kirchen hingegen, welche die Kommunion zu einem raren Ereignis gemacht hatten, das man bestenfalls ein- bis viermal im Jahr feierte, bieten die Kommunion nun häufiger an. Texte, Gesten und Riten, die einst als „papistisch" zurückgewiesen worden waren, haben sich mittlerweile als frühkirchlich herausgestellt und sind wieder unverzichtbarer Bestandteil protestantischer Liturgie geworden. Die Auffassung von Reformern wie Martin Luther und Johannes Calvin, für die im Gottesdienst Wort und Sakrament eine untrennbare Einheit darstellten, ist nun sowohl unter Katholiken als auch unter Protestanten herrschende Lehrmeinung.

Unsere zweite Feststellung ist, dass der Trend, die Sonntagsruhe gesetzlich zu regeln, der mit Konstantin eingesetzt und sich in den protestantischen Gemeinden im 17. und 18. Jahrhundert entsprechend verschärft hatte, sich nun langsam abschwächt. Viele konservative Protestanten können sich damit nicht recht anfreunden, denn sie sehen darin eine Entheiligung des Sonntags. Gleichzeitig allerdings können wir beobachten, dass der Sonntag auch in anderen Teilen der Welt, in denen es nur wenige christliche Gläubige gibt, zum Ruhetag wird. Das lag zum einen an der Kolonialisierung dieser Länder durch den Westen, aber auch an seiner schieren ökonomischen Macht. Die Christen in den Ländern der „alten Christenheit" hingegen beklagen eine zunehmende Säkularisierung des Sonntags.

Drittens können wir zusammenfassend konstatieren, dass der Begriff Sabbat vorzugsweise in der englischsprachigen Welt mit dem Sonntag assoziiert wird, obwohl die Neigung, die Sonntagsruhe am Vierten Gebot auszurichten, schon früher bestand. In den romanischen Sprachgebieten, wo sich die Bezeichnungen für den Samstag durchweg vom „Sabbat" ableiten, war dies kaum möglich. Daher gedieh das Sabbatariertum – also die Tendenz, den Sonntag als Sabbat aufzufassen – auch vorwiegend in englischsprachigen Ländern. Vor diesem Hintergrund entwickelte sich wiederum die Gegenströmung, die den Sabbat am siebten Tag der Woche feiern wollte: die Siebenten-Tags-Sabbatarier.

Und zu guter Letzt lässt sich noch feststellen, dass die liturgische Erneuerung, die in den letzten Jahrzehnten stattfand, zur Wiederbelebung der alten Bedeutung des Sonntags führte. Der Sonntag gewinnt neue Wichtigkeit nicht als christlicher Sabbat, sondern als Tag, an dem die Auferstehung Christi gefeiert wird, der Beginn einer neuen Schöpfung und das Versprechen auf die ewige Ruhe im eschatologischen Sabbat. Die feierliche Begehung des Sonntags hat damit wieder einen festlicheren Charakter angenommen.

EPILOG

Historiker sind häufig versucht, Geschichte in Prophezeiung umzudeuten. Sieht man sich die kurze Geschichte des Sonntags an, die ich hier erzählt habe, drängt sich mir die Frage auf, was wohl die Zukunft bringen mag. Und ich wäre geneigt zu prognostizieren, dass der Sonntag zwar eine immer stärkere Säkularisierung, gleichzeitig jedoch eine gesteigerte Bedeutung innerhalb der Kirche erfahren wird. In einer Zeit, da der Großteil der Christen unter dem Joch von Armut und Unterdrückung lebt, wird der Sonntag immer stärker als Erinnerung daran dienen, dass Er, der auferstanden ist, auch der ist, der alles geschaffen hat und uns eine neue Schöpfung bringt. Daher verliert der Sonntag vielleicht in der Gesellschaft im Allgemeinen an Bedeutung, für jene aber, die glauben, wird er immer wichtiger.

Und sollte diese Prophezeiung sich als falsch herausstellen, so gibt es doch etwas, dessen ich mir absolut sicher bin: eine Zukunft, die wir nicht leugnen können. Das ist die Zukunft, die uns der Sonntag selbst verheißt, der achte Tag der Schöpfung, wenn wir, wie Augustinus es sagt, „stille sein und schauen, schauen und lieben, lieben und loben" werden.

Das ist der Tag, den der Herr geschaffen hat. Lasst uns daran unsere Freude haben und fröhlich sein.

Anmerkungen

1 Wo nicht anders angegeben, stammen die Übersetzungen zu den Zitaten der Kirchenväter vom Autor selbst.

2 Siehe dazu: Justinus der Märtyrer, *Dialog mit dem Juden Trypho*, 41,4, zitiert nach der Bibliothek der Kirchenväter (BKV) 1. Reihe, Band 33, Kempten und München 1917, digitalisiert von der Universität Fribourg, Schweiz, abrufbar unter: http://www.unifr.ch/bkv/kapitel100-40.htm

3 Ignatius von Antiochien, *Brief an die Magnesier*, 9, 1, in: *Bibliothek der Kirchenväter*, 1, 35, München 1918, abrufbar unter: http://www.unifr.ch/bkv/kapitel7-9.htm

4 Tertullian, *Über den Götzendienst*, 14, in: BKV 1, 7, München 1912, abrufbar unter: https://www.unifr.ch/bkv/kapitel62-13.htm

5 Tertullian, *Über das Fasten*, gegen die Psychiker, 15, in: BKV 1, 24, Kempten und München 1915, abrufbar unter: https://www.unifr.ch/bkv/kapitel99-14.htm

6 Justinus der Märtyrer, *Erste Apologie*, 67, hier in der Übersetzung durch den Autor.

7 Justinus der Märtyrer, *Dialog mit dem Juden Trypho*, 41, 4, hier in der Übersetzung durch den Autor.

8 Tertullian, *Apologetikum*, 16, in: BKV 1, 24, Kempten und München 1915, abrufbar unter: http://www.unifr.ch/bkv/kapitel92-15.htm – Siehe auch vom selben Autor die Schrift *Ad Nationes*.

9 Polemius, *De correctione rusticorum*, 9, hier zitiert nach der Übersetzung durch den Autor.

10 Dabei ist die Entstehung des französischen Begriffs nicht ganz so leicht nachzuvollziehen. Offensichtlich stammt er wie der deutsche „Samstag" von einer erschlossenen vulgärgriechischen Form *sámbaton* für „Sabbat" ab.

11 Isidor sagt nicht, was er mit der „kirchlichen Ausdrucksweise" meint, da er aber fortfährt mit der Erklärung des Begriffes „feria", kann man wohl annehmen, dass er vielleicht ein System wie das portugiesische vorziehen würde.

*Die Enzyklopädie des Isidor von Sevill*a, V, 30, 5 – 11, übersetzt von Lenelotte Möller, Wiesbaden 2008, S. 190f. Die deutsche Übersetzung enthält zwei Druckfehler, die hier in eckigen Klammern nach Einsicht in den lateinischen Originaltext korrigiert wurden. Siehe: http://penelope.uchicago.edu/Thayer/L/Roman/Texts/Isidore/5*.html [A. d. Ü.]

12 Der Begriff des „Klienten", der heute vor allem für Auftraggeber in den freien Berufen gebraucht wird, stammt aus dem römischen Recht: Im alten Rom konnte man im Falle wirtschaftlicher Not ein Patronatsverhältnis mit einem höher stehenden Bürger eingehen. Der Schutzbefohlene hieß dann „Klient". Dies galt auch und vor allem für freigelassene Sklaven. [A. d. Ü.]

13 Justinus der Märtyrer, *Dialog mit dem Juden Trypho*, 47, in: BKV 1, 33,

Kempten und München 1917, abrufbar unter: http://www.unifr.ch/bkv/kapitel100-46.htm

14 *The Ante-Nicene Fathers*, hrsg. von A. Roberts und J. Donaldson, Peabody 1994, Bd. 1, S. 62 – 63.

15 *The Ante-Nicene Fathers*, hrsg. von A. Roberts und J. Donaldson, Peabody 1994, Bd. 7, S. 341 – 342.

16 *Eusebius, Kirchengeschichte*, 5, 23, 1, in: BKV 2, 1, München 1932, abrufbar unter: http://www.unifr.ch/bkv/kapitel51-23.htm

17 *Eusebius, Leben des Konstantin*, 3, 14, in: BKV 1, 9, München 1913, abrufbar unter: http://www.unifr.ch/bkv/kapitel2027-13.htm

18 Zitiert nach Charles Joseph Hefele, *A History of the Councils of the Church from the Original Documents*, Edinburg 1878, Bd. 2, S. 67.

19 Vollständige Einigkeit erwies sich jedoch als schwierig, denn in der griechisch-römischen Welt herrschte schon keine Einheitlichkeit, was den Kalender anging. Eine ganze Weile überließ man es der Kirche von Alexandria, den Kirchenkalender zu erstellen, der dann nach Rom weitergeleitet wurde. Von dort aus gelangte er dann in den Rest der westlichen Welt. Erst im 6. Jahrhundert entwickelte Dionysius Exiguus, „der Kleine", einen ausführlichen allgemeinen Kirchenkalender. Doch im 8. Jahrhundert kam es erneut zu Disputen, denn der irische Kalender wich von demjenigen ab, der im restlichen Europa gebräuchlich war. Im 16. Jahrhundert büßte man dann selbst die theoretische Einheitlichkeit ein, als Papst Gregor XIII. den Kalender reformierte. Da die Ostkirchen den neuen gregorianischen Kalender nicht anerkannten, sondern weiterhin den julianischen benutzten, fallen die Ostertage der Ostkirche nur höchst selten mit denen der anderen christlichen Kirchen zusammen – auch wenn Ostern dort ebenfalls immer an einem Sonntag gefeiert wird.

20 Justinus der Märtyrer, *Erste Apologie*, 67, 7, in: BKV 1, 12, München 1913, abrufbar unter: http://www.unifr.ch/bkv/kapitel77-66.htm

21 Wissenschaftler weisen in diesem Zusammenhang häufig auf das Buch Henoch (91, 12, 13) hin, eine apokryphe Schrift, in der es heißt: „Und danach wird der achte Sabbat anbrechen – der Sabbat der Gerechten ... Und ein Haus soll für den Großen König in aller Glorie errichtet werden." Zitiert nach: James H. Charlesworth (Hrsg.), *The Old Testament Pseudepigraphia*, Bd. 1, *Apocalyptic Literature and Testaments*, Garden City 1983, S. 73.

22 Justinus der Märtyrer, *Dialog mit dem Juden Trypho*, 24, 1 und 41, 4 sowie 138, 1, in: BKV 1, 33, Kempten und München 1917, abrufbar unter: http://www.unifr.ch/bkv/kapitel100-23.htm

23 Cyprian von Karthago, *Epistolae* – Briefe, 64, 4, 3.

24 Augustinus, *Der Gottesstaat*, 22, 30, 17, München 2007, S. 835.

25 Tertullian, *Vom Kranze des Soldaten* (De corona militis), 3, 5, BKV 1, 24, Kempten und München 1915, abrufbar unter: http://www.unifr.ch/bkv/kapitel94-2.htm

26 *Didache*, 8, 1, in: BKV 1, 35, München 1918, abrufbar unter: http://www.unifr.ch/bkv/kapitel1-8.htm

27 Tertullian schreibt dort wörtlich *stationum diebus*, also „Tage des Wach-

dienstes", doch die Gelehrten sind sich einig, dass damit die Fasttage am Mittwoch und Freitag gemeint sind.

28 Nach der Übersetzung von Burton Scott Easton, in: *The Apostolic Tradition of Hippolytus*, Ann Arbor 1962, S. 54 – 56.

29 Ein anderer Text von zweifelhafter Authentizität gibt an, dass das Nicht-Knien am Tag des Herrn bereits auf die Tage der Apostel zurückgeht. Dieser Text wird Irenäus von Lyon zugeschrieben, der vor Tertullian lebte. Doch konnte diese Zuschreibung bislang nicht bestätigt werden.

30 Tertullian, *Über das Gebet* (De oratione), 23, BKV 1, 7, München 1912, abrufbar unter: http://www.unifr.ch/bkv/kapitel88-22.htm

31 *Didache*, 9, 5, in: BKV 1, 35, München 1918, abrufbar unter: http://www.unifr.ch/bkv/kapitel1-9.htm

32 Tertullian, *Vom Kranze des Soldaten* (De corona militis), 3, BKV 1, 24, Kempten und München 1915, abrufbar unter: http://www.unifr.ch/bkv/kapitel94-2.htm

33 Hippolytus von Rom, *Traditio Apostolica*, 27, zitiert nach der Übersetzung von Easton, *Apostolic Tradition of Hippolytus*, a.a.O., S. 50.

34 Ich habe das Katechumenatentum ausführlicher beschrieben in meinem Buch *A History of Theological Education*, Nashville 2015, S. 9 – 14.

35 *Apostolische Überlieferung*, 21 – 23, zitiert nach Easton, *Apostolic Tradition of Hippolytus*, a.a.O., S. 48.

36 Zitiert nach: Philip Schaff, *History of the Christian Church*, New York 1894, Bd. 1, S. 487.

37 Eusebius von Caesarea, *Leben des Konstantin*, 4, 18, BKV 1, 9, München 1913, abrufbar unter: http://www.unifr.ch/bkv/kapitel2028-17.htm

38 Sozomenos, *Kirchengeschichte*, 1, 8, 11 –12, zitiert nach der Übersetzung von G. C. Hansen, Historia Ecclesiastica – Kirchengeschichte, Turnhout 2004, S. 130.

39 Eusebius von Caesarea, *Kirchengeschichte*, 3, 27, 5, BKV 2, 1, München 1932, abrufbar unter: http://www.unifr.ch/bkv/kapitel49-26.htm

40 Mehr dazu finden Sie in: William K. Boyd, *The Ecclesiastical Edicts of the Theodosian Code*, New York 1905.

41 Gregory Dix, *The Shape of the Liturgy*, Westminster 1945, S. 141.

42 Siehe zum Beispiel Eusebius' Beschreibung der Basilika, die Konstantin am Heiligen Grab errichten ließ, in: Eusebius, *Leben des Konstantin*, 3, 29 – 40, in: BKV 1, 9, München 1913, abrufbar unter: https://www.unifr.ch/bkv/kapitel2027-28.htm

43 Tertullian, *Über das Pallium oder den Philosophenmantel*, 6, in: BKV 1,7, München 1912, abrufbar unter: http://www.unifr.ch/bkv/kapitel57-5.htm

44 Philipp Jaffe (Hrsg.), *Regesta pontificum romanorum*, Leipzig 1885, S. 369.

45 Siehe dazu: L. Duchesne, Christian Worship: *Its Origin and Evolution*, London 1927, S. 379 – 398.

46 Zitiert nach Charles Joseph Hefele, *A History of the Councils of the Church from the Original Documents*, Edinburgh 1896, S. 316.

47 *Apostolische Konstitutionen*, 8, 33, BKV 1, 19, Kempten 1874, abrufbar unter: https://www.unifr.ch/bkv/kapitel3179-32.htm

48 Eusebius, *Das Leben des Konstantin*, 3, 19, BKV 1, 9, München 1913, abrufbar unter: http://www.unifr.ch/bkv/kapitel2027-18.htm

49 P. R. Coleman-Norton, *Roman State and Christian Church. A Collection of Legal Documents to A.D. 535*, London 1966, Bd. 1, S. 309 – 310. Dieser Amnestie-Erlass wurde von den Kaisern im Jahr 392 wiederholt.

50 Coleman-Norton, *Roman State and Christian Church*, a.a.O., Bd. 1, S. 359.

51 Coleman-Norton, *Roman State and Christian Church*, a.a.O., Bd. 2, S. 423. Zweieinhalb Jahrhunderte später nimmt der Codex Iustinianus auf dieses Gesetz Bezug und schreibt, nachdem er auf den Sonnentag verwiesen hat, dass „dies der Tag ist, der von alters her als Tag des Herrn bekannt ist".

52 *Homilia de semente*, 1, zitiert nach der Übersetzung von Annette von Stockhausen, „Die pseud-athanasische *Homilia de semente*", in: A. von Stockhausen, H.-C. Brennecke (Hrsg.), *Von Arius zum Athanasium. Studien zur Edition der Athanasius-Werke*, Berlin 2010, S. 171.

53 Sokrates Scholastikos, *Kirchengeschichte*, 5, 22, hier zitiert nach *The Nicene and Post-Nicene Fathers*, hrsg. von Philipp Schaff, Bd. 2, 1891, Nachdruck erschienen bei Hendrickson Publishers, Peabody 1994.

54 Sozomenos, *Historia Ecclesiastica*, 7, 19, in: *Fontes Christiani*, Bd. 73, 3, Turnhout 2004, S. 909.

55 *The Nicene and Post-Nicene Fathers*, hrsg. von Philipp Schaff, Bd. 2, Peabody 1994, S. 132.

56 Ignatius, *Brief an die Magnesier*, 9, 1, BKV 1, 35, München 1918, abrufbar unter: https://www.unifr.ch/bkv/kapitel7-9.htm

57 *Brief an Diognet*, 4, 3, BKV 1, 12, München 1913, abrufbar unter: https://www.unifr.ch/bkv/kapitel79-3.htm

58 Irenäus von Lyon, *Erweis der Apostolischen Verkündigung*, 96, BKV 1,4, München 1912, abrufbar unter: http://www.unifr.ch/bkv/kapitel1678-11.htm

59 Athanasius, *De sabbatis et circumcisione*, 3, hier zitiert nach der Übersetzung des Autors.

60 Johannes Chrysostomos, *Homilie* 39,3, hier zitiert nach der Übersetzung des Autors.

61 Ambrosius von Mailand, *Lukaskommentar*, 5, 31, BKV 1, 21, München 1915, abrufbar unter: http://www.unifr.ch/bkv/kapitel1717-3.htm

62 Ambrosius von Mailand, *Lukaskommentar*, 7, 173, KBV 1, 21, München 1915, abrufbar unter: http://www.unifr.ch/bkv/kapitel1745.htm

63 Augustinus, *Contra duas epistulas Pelagianorum*, 3, 4, 10, in: BKV 1, 8, 11 und 19, München 1913 – 1914, abrufbar unter: https://www.unifr.ch/bkv/kapitel1793-2.htm

64 Augustinus, *Predigten zum Johannes-Evangelium*, 17, 13, in: BKV 1, 8, 11 und 19, München 1913 – 1914, abrufbar unter: https://www.unifr.ch/bkv/kapitel1790-13.htm

65 Augustinus, *Predigten zum Johannes-Evangelium*, 20, 2, in: BKV 1, 8, 11 und 19, München 1913 – 1914, abrufbar unter: https://www.unifr.ch/bkv/kapitel1793-2.htm

66 Orosius, *Geschichte gegen die Heiden*, 7, 41, hier zitiert nach der Übersetzung des Autors.

67 Ich habe diese Vorgänge ausführlicher geschildert in meinem Buch *Christian Thought Revisited: Three Types of Theology*, Maryknoll (2) 1999.

68 Didache, 14, 1, BKV 1, 35, München 1918, abrufbar unter: http://www.unifr.ch/bkv/kapitel1-14.htm

69 Gregor der Große, *Dialoge*, Buch IV, 58 – 59, in: BKV 2, 3, München 1933, abrufbar unter: http://www.unifr.ch/bkv/kapitel3224-57.htm

70 Heinrich Denzinger, *Enchiridion symbolorum, Kompendium der Glaubensbekenntnisse und kirchlichen Lehrentscheidungen*, (43) 2010, S. 1215.

71 Haimo von Halberstadt (vielleicht auch: Haymo von Auxerre), *De corpore et sanguine domini*, in: *Patrologia Latina* 118, Sp. 815 – 816, hier in der Übersetzung durch den Autor.

72 Heinrich Denzinger, *Enchiridion symbolorum, Kompendium der Glaubensbekenntnisse und kirchlichen Lehrentscheidungen*, (43) 2010, S. 292f.

73 Gregor der Große, *Dialoge*, IV, 57, in: BKV 2, 3, München 1933, abrufbar unter: http://www.unifr.ch/bkv/kapitel3224-56.htm

74 Justinus der Märtyrer, *Erste Apologie*, 66, 2, in: BKV 1, 12, München 1913, abrufbar unter: http://www.unifr.ch/bkv/kapitel77-65.htm Auch Irenäus spricht vom „gewöhnlichen Brot", doch hier stellt sich dasselbe Problem. Siehe Irenäus, *Gegen die Häresien*, 4, 18, 5, in: BKV 1, 3, München 1912, abrufbar unter: http://www.unifr.ch/bkv/kapitel692-4.htm

75 *In Lucae Evangelium expositio*, 6, 12, in: *Patrologia Latina*, Bd. 92, Sp. 593 – 597, hier in der Übersetzung durch den Autor.

76 Siehe dazu (durchweg in der Übersetzung durch den Autor): Alkuin, *Epistola* 90, in: *Patrologia Latina*, Bd. 100, Sp. 189; Radbert, *De corpore et sanguine domini*, 20, in: *Patrologia Latina*, Bd. 120, Sp. 1331 – 1332; und: Hrabanus Maurus, *De clericorum institutione*, 1, 31, in: *Patrologia Latina*, Bd. 107, Sp. 318 – 319.

77 Thomas von Aquin, *Summa theologica*, 3, Sp. 80, 3, in: *Die deutsche Thomas-Ausgabe*, Bd. 30, Salzburg 1938, S. 228.

78 Cyrill von Jerusalem, *Mystagogische Katechesen*, V, 21, in: BKV 1, 21, Kempten und München 1922, abrufbar unter: https://www.unifr.ch/bkv/kapitel2762-20.htm

79 Thomas von Aquin, *Summa theologica*, 3, 82, 3, in: *Die deutsche Thomas-Ausgabe*, Bd. 20, München/Heidelberg 1943, S. 19f.

80 So wird der Heilige in den Akten der Synode von Trebur 895 zitiert.

81 Gelasius I., Brief 37 an Maioricus und Johannes, in: *Patrologia Latina*, Bd. 59, 17, hier in der Übersetzung durch den Autor.

82 Thomas von Aquin, *Summa theologica*, 3, 80, 12, in: Die deutsche Thomas-Ausgabe, Bd. 20 München/Heidelberg 1943, S. 274f.

83 Mansi, *Sacrorum conciliorum nova et amplissima collectio*, Paris 1901 – 1927, Bd. 24, S. 405.

84 Heinrich Denzinger, *Enchiridion symbolorum, Kompendium der Glau-*

bensbekenntnisse und kirchlichen Lehrentscheidungen, (43) 2010, S. 339.

85 P. R. Coleman-Norton, Roman State and Christian Church: *A Collection of Legal Documents to A. D. 535*, London 1966, Bd. 3, S. 877.

86 Kanon 23 der Synode von Mainz.

87 Zitiert nach: Eileen Power, *Medieval People*, Garden City 1956, S. 27f.

88 Konzil von Narbonne, Kanon 4, hier zitiert nach: José Vives (Hrsg.), *Concilios visigóticos e hispano-romanos*, Barcelona 1963, S. 147.

89 Zitiert nach: Julio Campos Ruiz, Ismale Roca Meliá, *Santos padres españoles*, Madrid 1971, Bd 2, S. 107.

90 Benediktsregel, 48, 22 – 23, zitiert nach der digitalen Fassung des Klosters Stift Melk, http://www.stiftmelk.at/frame_regula.htm.

91 Isidor von Sevilla, *Regula monachorum*, Regel 10, hier zitiert nach der Übersetzung durch den Autor.

92 Edward K. Chambers, *The Medieval Stage*, Oxford 1903, Bd. 1, S. 161f.

93 Der griechische Originaltext des Briefes ist abgedruckt in: Aurelio de Santos Otero (Hrsg.), *Los evangelios apócrifos*, Madrid 1966, S. 715 – 725.

94 Johannes von Damaskus, *De exposition fidei*, 4, 23, zitiert nach: Joseph Langen, *Johannes von Damaskus – eine patristische Monographie*, Gotha 1879, S. 103.

95 Thomas von Aquin, *Summa theologica*, 2-2, q 122, a1, in: *Die deutsche Thomas-Ausgabe*, Bd. 30, Salzburg 1938, S. 275.

96 Thomas von Aquin, *Summa theologica*, 2-2, q 122, a4, in: *Die deutsche Thomas-Ausgabe*, Bd. 30, Salzburg 1938, S. 287f.

97 Thomas von Aquin, *Summa theologica*, 2-2, q 122, a4, in: *Die deutsche Thomas-Ausgabe*, Bd. 30, Salzburg 1938, S. 292f.

98 Akten des Konzils von Florenz, Bulle „Cantate Domino", 1348, in: Heinrich Denzinger, *Enchiridion symbolorum*, Freiburg, Basel, Wien (43) 2010, S. 1442.

99 Siehe Johannes Eck, *Enchiridion locorum communium adversus Lutherum*, 1525. Hier zitiert nach der englischen Übersetzung: John Eck, *Enchiridion of commonplaces against Luther and Other Enemies of the Church*, Grand Rapids 1983, S. 101f.

100 Mansi, Giovanni Domenico, *Sacrorum conciliorum nova et amplissima collectio*, in 30 Bänden erschienen in Florenz und Venedig 1758 – 1798, hier zitiert nach dem Nachdruck, der von 1901 – 1927 in Paris erschien, Bd. 33, S. 529f. Selbst im 21. Jahrhundert hört man dieses Argument noch von konservativen katholischen Apologeten: Wenn die Protestanten nur der Bibel folgen wollten, so müssten sie aufhören, den Sonntag zu heiligen, denn dieser sei durch die Autorität der Kirche verfügt worden. (Auch die Siebenten-Tags-Adventisten haben sich diese Argumentation zu Eigen gemacht.)

101 Konzil von Trient, „Über das Messopfer", Kap. 8, in: Heinrich Denzinger, *Enchiridion symbolorum*, Freiburg, Basel, Wien (43) 2010, S. 1562. Die alten mozarabischen, galizischen und Mailänder Liturgien (ebenfalls in Latein) wurden aber weiterhin zugelassen.

102 Martin Luther, „Wider die himmlischen Propheten", in: M. Luther, *Schriften zur Neuordnung der Gemeinde, des Gottesdienstes und der Lehre*, Bd. 3, München 1938, S. 161.

103 Martin Luther, „Wider die himmlischen Propheten", in: M. Luther, *Schriften zur Neuordnung der Gemeinde, des Gottesdienstes und der Lehre*, Bd. 3, München 1938, S. 162.

104 Martin Luther, „Vorrede zur Deutschen Messe", in: M. Luther, *Schriften zur Neuordnung der Gemeinde, des Gottesdienstes und der Lehre*, Bd. 4, München 1938, S. 241.

105 Martin Luther, „Vorrede zur Deutschen Messe", in: M. Luther, *Schriften zur Neuordnung der Gemeinde, des Gottesdienstes und der Lehre*, Bd. 4, München 1938, S. 242.

106 Martin Luther, „8. Predigt über Matthäus 11, gehalten zu Eisleben am 15. Februar 1546", in: M. Luther, *Schriften*, Bd. 51, S. 187f.

107 „On the Sabbath", in: *The Essential Carlstadt: Fifteen Tractats*, übers. und hrsg. von E. J. Furcha, Scottdale 1995. Die Kritische Gesamtausgabe der Schriften Andreas Bodensteins reicht im Augenblick nur bis 1518. Im Internet ist der Text des Traktats auf Deutsch abrufbar unter: http://www.glaubensstimme.de/doku.php?id=autoren:k:karlstadt:sabbat

108 Martin Luther, „Wider die himmlischen Propheten", in: M. Luther, *Schriften zur Neuordnung der Gemeinde, des Gottesdienstes und der Lehre*, Bd. 3, München 1938, S. 111.

109 Martin Luther, „Wider die Sabbather an einen guten Freund", in: M. Luther, *Schriften*, Bd. 50, Weimar 1914, S. 312.

110 Martin Luther, Wider die Sabbather an einen guten Freund, in: M. Luther, *Schriften*, Bd. 50, Weimar 1914, S. 333.

111 Ulrich Gäbler, *Huldrych Zwingli: His Life and Works, Philadelphia* 1986, S. 108.

112 Siehe dazu den ausführlichen Artikel von Gerhard F. Hasel, „Sabbatarian Anabaptists in the Sixteenth Century", in: *Andrews University Seminary Studies* 5, Nr. 2 vom Juli 1967, S. 101 – 121; und Andrews *University Seminary Studies* 6, Nr. 1 vom Januar 1968, S. 19 – 28.

113 Daniel Liechty, *Sabbatarianism in the Sixteenth Century: A Page in the History of the Radical Reformation*, Berrien Springs 1993, S. 31 – 33.

114 Inwieweit Glait Fischers Ansichten beeinflusste und dieser sich nach ihm richtete, ist noch Gegenstand der wissenschaftlichen Debatte. Siehe dazu: Daniel Liechty, *Andreas Fischer and the Sabbatarian Anabaptists: An Early Reformation Episode in East Central Europe*, Scottsdale 1988, S. 59 – 62.

115 Siehe dazu: Liechty, *Sabbatarianism in the Sixteenth Century*, Berrien Springs 1993, S. 78 – 84.

116 Am 31. Juli 1537 fühlte sich Fabri offensichtlich gezwungen, den Pastoren in Genf sein Tun zu erklären und jede theologische Übereinstimmung mit Colinäus abzustreiten. Sein Brief findet sich in: A.-L. Herminjard, *Correspondance des réformateurs dans les pays de langue française*, Nieukoop 1965, Bd. 4, S. 270 – 272.

117 Johannes Calvin, *Unterricht in der christlichen Religion*, Buch 2, 8, 33, übersetzt und bearbeitet von Otto Weber, Neukirchen-Vluyn 1997, S. 277.

118 Ebda.

119 Ebda.

120 Ebda.

121 Ebda.

122 Ebda.

123 Johannes Calvin, *Unterricht in der christlichen Religion*, Buch 4, 17, 39, übersetzt und bearbeitet von Otto Weber, Neukirchen-Vluyn 1997, S. 1019.

124 Johannes Calvin, *Unterricht in der christlichen Religion*, Buch 4, 1, 9, Neukirchen-Vluyn 1997, S. 729.

125 Johannes Calvin, *Unterricht in der christlichen Religion*, Buch 4, 17, 44 und 46, Neukirchen-Vluyn 1997, S. 1025.

126 Zitiert in: „Sabbath Days" im Blog *Anglican Rose*, am 27. November 2012. Abrufbar unter: https://anglicanrose.wordpress.com/2012/11/27/sabbath-days/

127 Dieser Abschnitt verdankt sich in weiten Teilen John H. Primus' Werk Holy Time: *Moderate Puritanism and the Sabbath*, Macon 1980.

128 „Homily on the Place and Time of Prayer" (Predigt über Ort und Zeit zum Gebet), in: University of Toronto English Library, 1997, abrufbar unter: http://www.library.utoronto.ca/utel/ret/homilies/bk2hom8.html

129 Samual Carr (Hrsg.), *Early Writings of John Hooper*, Cambridge 1843, S. 342.

130 Samuel Carr, *Early Writings of John Hooper*, a.a.O., S. 346f.

131 Thomas Rogers, *The Faith, Doctrine and Religion, Professed, and Protected in the Realme of England and Dominions of the Same, Expressed in 39 Articles*, Nachdruck Cambridge 1854.

132 John H. Primus, *Holy Time: Moderate Puritanism and the Sabbath*, Macon 1980, S. 88.

133 Ebda., S. 1.

134 Ebda., S. 98.

135 Zitiert nach: A. H. Lewis, *A Critical History of Sunday Legislation from 321 to 1888 A.D.*, New York 1888, S. 115.

136 Ebda., S. 116.

137 Ebda., S. 119.

138 Ebda., S. 128.

139 Ebda., S. 141 – 142.

140 Bekenntnis von Westminster, Art. 21, 7 und 8 in der deutschen Übersetzung von Thomas Schirrmacher, hier zitiert nach: Thomas Schirrmacher, *Der evangelische Glaube kompakt*, Neuhausen/Stuttgart 1998, S. 162ff.. digital abrufbar zum Beispiel unter: http://winterthur.erkwb.ch/bekenntnis/westminster-bekenntnis/

141 Zitiert nach der Übersetzung von Kurz Vetterli, im Internet abrufbar unter: https://www.yumpu.com/de/document/view/18201046/kleiner-westminster-katechismus

142 William Law, *A Serious Call to a Devout and Holy Life: The Spirit of Love*, New York 1978, S. 81.

143 Ebda., S. 107.

144 John Wesley, Sermon 52, I, 1, zitiert nach: Thomas Jackson (Hrsg.), *The Works of John Wesley*, London 1872, Bd. 6, S. 151.

145 John Wigley, *The Rise and Fall of the Victorian Sunday*, Manchester 1980, S. 26 – 32.

146 Alice Morse Early, *The Sabbath in Puritan New England*, New York 1891, S. 244 – 258.

147 Alice Morse Early, *The Sabbath in Puritan New England*, a.a.O., S. 66 – 76.

148 Calvin selbst fand, dass das lateinische *habemus ad Dominum*, das sich auf die Herzen der Gläubigen bezieht, besagt, dass die Herzen nicht erst zum Herrn erhoben werden müssen, wie es im presbyterianischen *Book of Common Worship* heißt, sondern tatsächlich heißt (wie im Hochgebet der katholischen Messe): „Wir haben sie beim Herrn." Denn genau das geschieht während der Kommunion. Durch die Kraft des Heiligen Geistes werden wir der Gegenwart Christi teilhaftig und unsere Herzen werden in den Himmel erhoben. Man bezeichnet dies auch als Calvins „virtualistisches" Verständnis des Abendmahls.

149 *Tra le sollectiduini*, II, 3, Zitiert nach: Annibale Bugnini, *Documenta pontificia ad instaurationem liturgicam spectantia* (1903 – 1953), Rom 1959, Bd. 1, S. 13.

150 Siehe: Annibale Bugnini, *Documenta pontificia ad instaurationem liturgicam spectantia* (1903 – 1953), Rom 1959, Bd. 1, S. 90 – 93.

151 Zitiert nach Ignacio Oñatibia, „Historia de la constitución sobre la Sagrada Liturgia", in: Casimiro Morcillo González, *Concilio Vaticano II*, Madrid 1965, S. 98.

152 *Sacrosanctum Concilium*, 11, hier zitiert nach der dt. Fassung der Veröffentlichung in den vatikanischen Archiven, abrufbar unter: http://www.vatican.va/archive/hist_councils/ii_vatican_council/documents/vat-ii_const_19631204_sacrosanctum-concilium_ge.html

153 *Sacrosanctum Concilium*, 37, hier zitiert nach der dt. Fassung der Veröffentlichung in den vatikanischen Archiven, abrufbar unter: http://www.vatican.va/archive/hist_councils/ii_vatican_council/documents/vat-ii_const_19631204_sacrosanctum-concilium_ge.html

154 *Sacrosanctum Concilium*, 112, siehe oben.

155 *Sacrosanctum Concilium*, 118 und 119, siehe oben.

156 *Sacrosanctum Concilium*, 52, siehe oben.

157 Ursprüngliche Komposition von Guillermo Cuéllar. Die englische Übersetzung wurde von Bret Hesla und William Dexheimer-Parish angefertigt. Zitiert nach dem lutherischen *Libro de liturgia y cántico*, Minneapolis 1998, Nr. 410.

158 Deutsche Fassung des *Book of Common Prayer* von 1934, abrufbar unter: http://mammana.org/bcp/german1934/kommunionfeiern.pdf

159 Die presbyterianische Fassung, wie sie in den verschiedenen Auflagen des *Book of Common Worship* auftaucht, vermeidet den Hinweis auf die kniende Haltung. Die Presbyterianer lehnten das Niederknien ab, weil es so aussah, als knieten sie vor dem Geistlichen. Diese Neigung wurde in einem bekannten Spottvers aufgegriffen: „Presby, presby, he'll not bend;

he just sits on man's chief end." (Presby, Presby, der beugt nicht das Knie, er sitzt nur auf dem wichtigsten Ende des Menschen.)

160 Die methodistische Version hingegen behielt den Verweis auf die kniende Haltung bei, doch auch bei den Methodisten bleiben die meisten Menschen sitzen oder stehen auf, bis sie an der Reihe sind, um an den Altar zu treten und die Kommunion zu nehmen.

161 *The Hymnal*, Saint Louis 1961, S. 21.

162 Stanley Robertson Hall, „The American Presbyterian ‚Directory for Worship'", in: *History of a Liturgical Strategy*, Ann Arbor 1990, S. 361.

163 Stanley Robertson Hall, „The American Presbyterian ‚Directory for Worship'", in: *History of a Liturgical Strategy*, Ann Arbor 1990, S. 490.

ZUR VERTIEFENDEN LEKTÜRE

Die feierliche Begehung des Sonntags ist für die meisten Christen so bedeutsam, dass darüber eine Unmenge von Büchern geschrieben wurde. Eine allgemeine Abhandlung mit einer kurzen Einführung in die frühkirchliche Geschichte und einer ausführlichen Behandlung der Verhältnisse in Großbritannien und Nordamerika finden Sie in: Stephen Miller, *The Peculiar Life of Sundays*, Cambridge 2008.

Diese Diskussion über den Sonntag konzentriert sich fast ausschließlich auf die Beziehung zwischen Sonntag und Sabbat, die ich in diesem Buch eben nicht zum zentralen Thema machen wollte. Die Debatte geht ja auch noch weiter und wird in zahllosen Veröffentlichungen geführt. Zwei Bücher aber versammeln nahezu alle Belege für die eine beziehungsweise die andere Seite. Für die Siebenten-Tags-Sabbatarier argumentiert Samuele Bacchiochhi, *From Sabbath to Sunday: A Historical Investigation of the Rise of Sunday Observance in Early Christianity*, Rom 1977. Für die Gegenseite: Willy Rordorf, *Sunday – The History of the Day of Rest and Worship in the Earliest Century of the Christian Church*, London 1968. Was die Auswirkungen von Konstantins Dekreten auf den Sonntag betrifft, so finden Sie einiges Material in: Paul A. Hartog, „Constantine, Sabbath-Keeping, and Sunday Observances", in: Edward L. Smither (Hrsg.), *Rethinking Constantine: History, Theology, and Legacy*, Eugene 2014, S. 105 – 129.

Die frühchristlichen Formen der Anbetung als Kontext für

die sonntäglichen Zusammenkünfte und die Bedeutung des „Herrentages“ für die frühen Christen werden in mehreren wissenschaftlichen, aber nichtsdestotrotz leicht zugänglichen Werken behandelt: Paul F. Bradshaw, *Reconstructing Early Christian Worship*, Collegeville 2010. Und: Paul F. Bradshaw, *The Search for the Origins of Christian Worship*, New York 1992. Über die frühkirchliche Bedeutung von Ostern können Sie sich informieren in: Thomas J. Talley, *The Origins of the Liturgical Year*, New York 1986.

Zur Geschichte des puritanischen Sabbatariertums in England siehe: Kenneth L. Parker, *The English Sabbath: A Study of Doctrine and Discipline from the Reformation to the Civil War*, Cambridge 1988. Über die Feier des Sabbats beziehungsweise des Sonntags in den noch jungen Vereinigten Staaten können Sie sich informieren in: Winton U. Solberg, *Redeem the Time: The Puritan Sabbath in Early America*, Cambridge 1977. Zu diesem Thema ist vielleicht auch eine Zusammenfassung der Sabbatgesetze in den Vereinigten Staaten nützlich, die vom Autor im Übrigen auch verteidigt werden: R. C. Wylie, *Sabbath Laws in the United States*, Pittsburgh 1905.

Natürlich lässt sich das hier begonnene Studium auch fortführen durch die Beschäftigung mit der Geschichte christlicher Anbetung im Allgemeinen. Eine großartige Zusammenfassung zu diesem Thema bietet James F. White, *A Brief History of Christian Worship*, Nashville 1993. Nützliche Materialien dazu finden sich – in klarer Form präsentiert und abgehandelt – auch bei Catherine Gunsalus González, *Resources in the Ancient Church for Today's Worship*, Nashville 2014.